AF478895

SABINE DEHNEL
REFRAMING

ÜBERMALEN EINES MOMENTS
PAINTING OVER A MOMENT

MIT BEITRÄGEN VON
WITH ESSAYS BY

PETER FORSTER
CONSTANZE MUSTERER
HEINZ STAHLHUT

HATJE
CANTZ

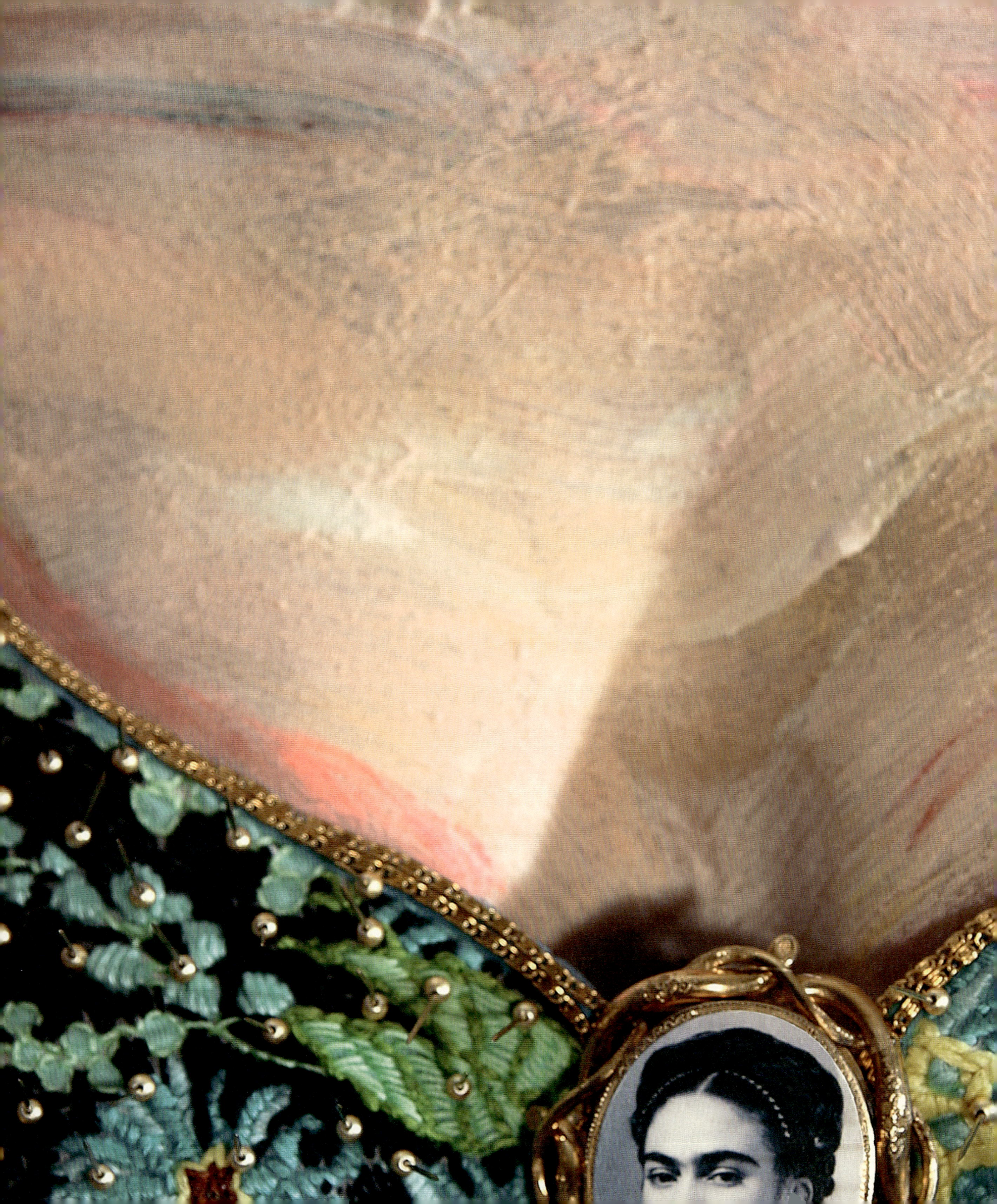

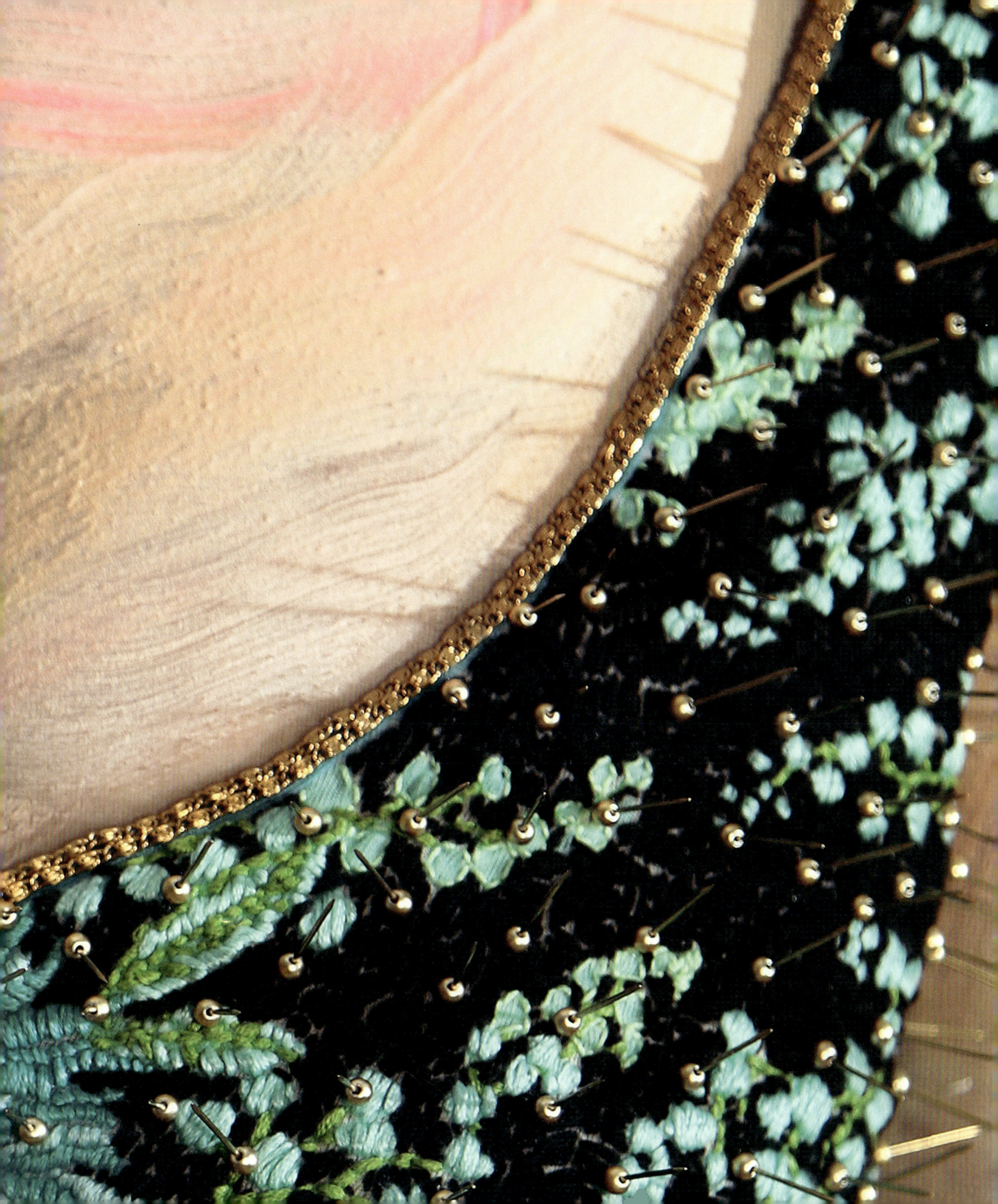

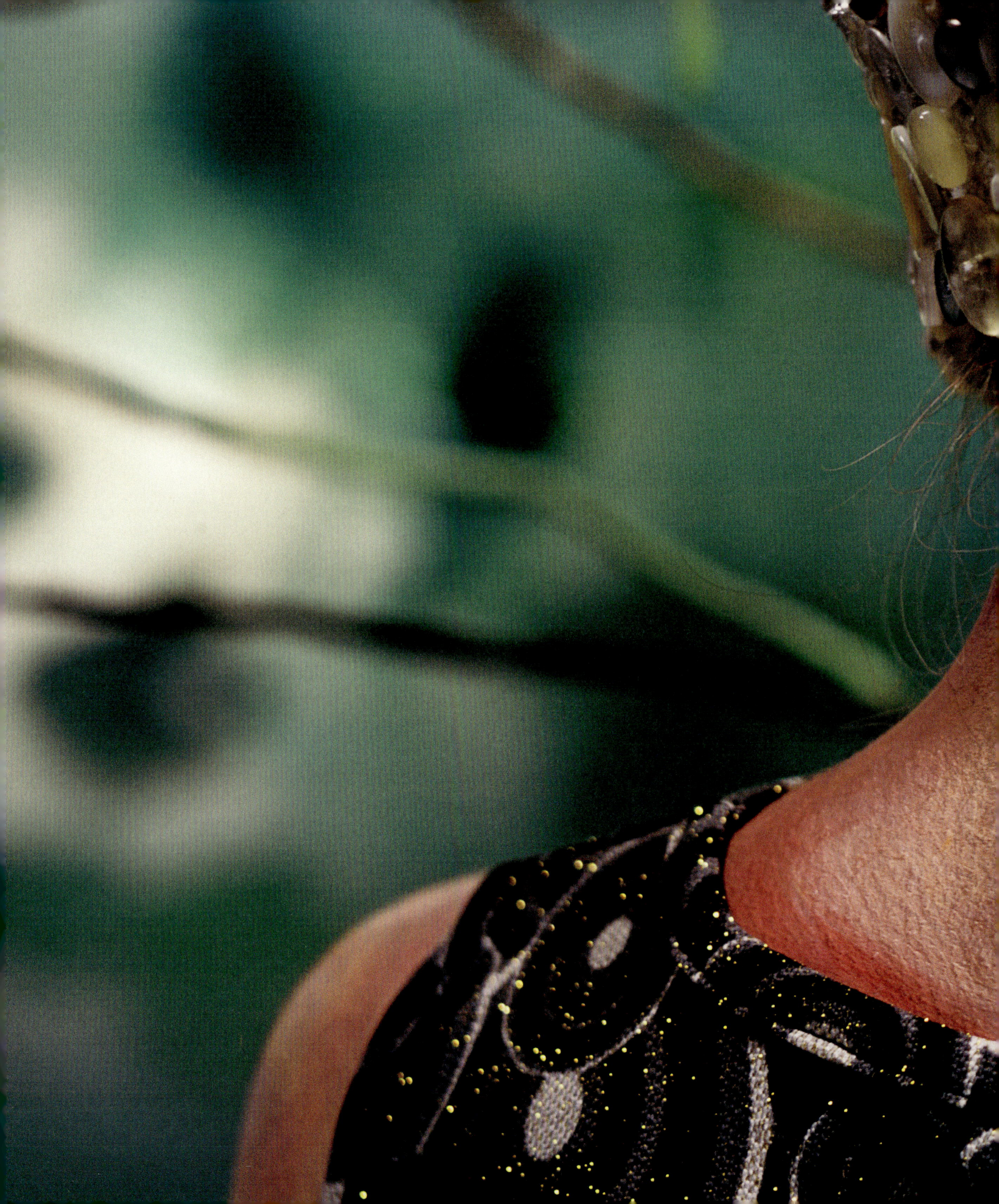

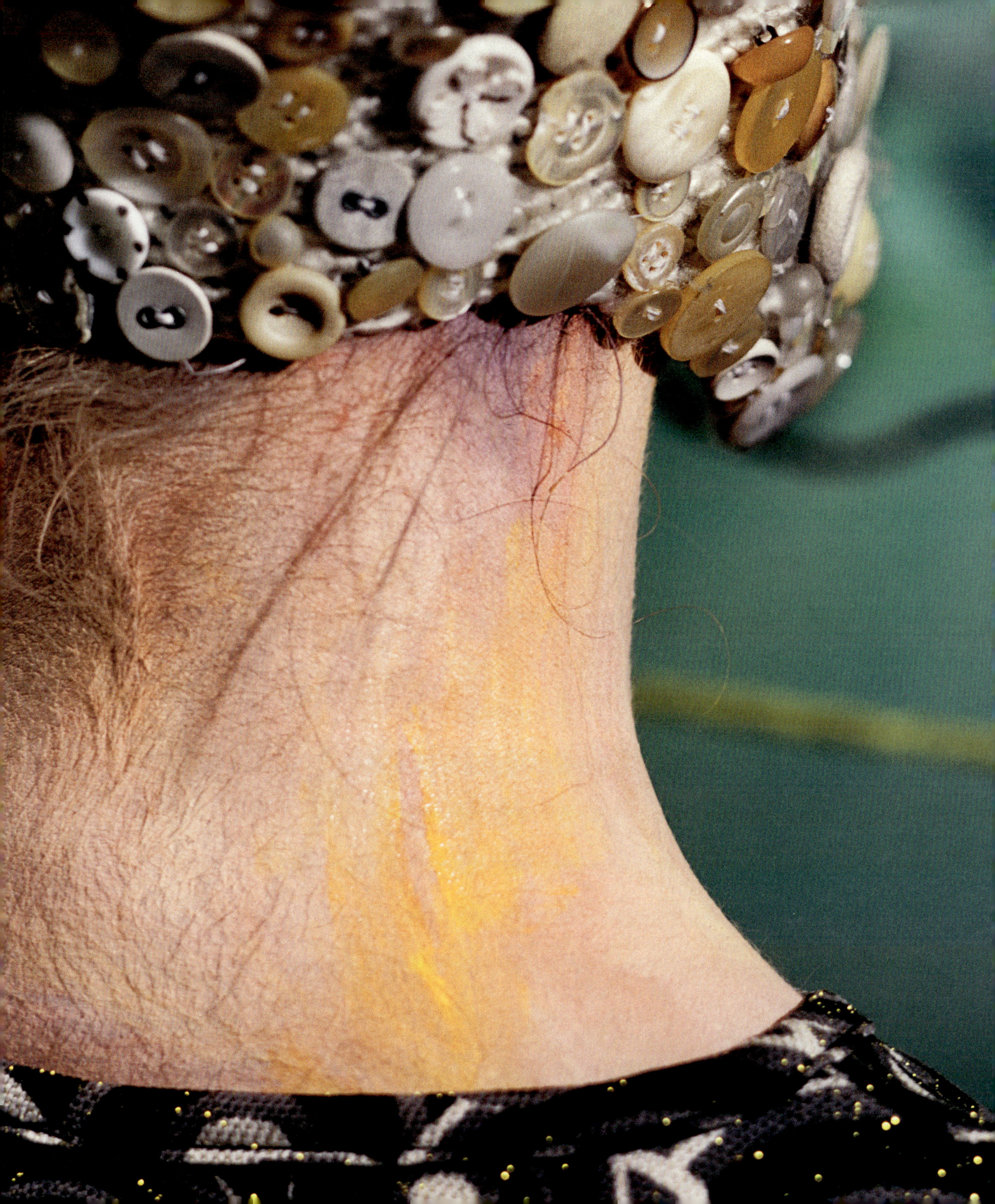

DAS ÜBERMALEN EINES MOMENTS. ZUR BEDEUTUNG DER KÖRPERBEMALUNG IN SABINE DEHNELS SERIEN

HEINZ STAHLHUT

Sabine Dehnels Arbeit ist schon auf viele Aspekte hin beleuchtet worden. Beschäftigten sich die einen Autoren mit dem Cross-over zwischen Abstraktion und gegenständlicher Darstellung, Malerei und inszenierter Fotografie, so ging es anderen um die Fragmentierung des menschlichen Körpers in ihren Bildern und die damit einhergehende Lenkung des Betrachterblicks auf zentrale Details wie in der Serie *Mona*. Hier ist von der Protagonistin des Bildes einzig das Dekolleté zu sehen – ein Vorgehen, mit dem Dehnel den Betrachter ironisch den lange Zeit normativen, heterosexuell männlichen Blick nachvollziehen lässt.

Diese Büsten sind mit teils üppigen, teils zurückhaltend eleganten Kleidungsstücken ausgestattet, die Dehnel – erst auf den zweiten Blick erkennbar – eigens für das Foto aus zum Teil ungewöhnlichen Materialien wie Plastikfolie oder Metallringen angefertigt hat. Diese Kleidungsstücke lassen sich inhaltlich auf die Porträts von historischen oder zeitgenössischen Frauenfiguren beziehen, die in Amuletten an Halsketten oder Broschen auf den Dekolletés zu sehen sind. So vermag der Betrachter das schwarzgrundige Oberteil mit seinem kleinteiligen Blütenmuster, den Goldborten und den überall aus dem Stoff herausragenden Stecknadeln durchaus zur Biografie der mexikanischen Malerin Frida Kahlo in Beziehung zu setzen, die sich in ihren Selbstporträts häufig in eigens entworfener Kleidung zeigte. Darin inszenierte sie ein Gemisch aus der Kultur der indianischen Ureinwohner und der von der spanischen Hofkultur des 17. Jahrhunderts geprägten, bedrängend erscheinenden Üppigkeit des katholischen Ritus mit seiner Frauenverachtung bei gleichzeitiger exzessiver Marienverehrung. Auch die Stecknadeln lassen sich als Kommentar auf die Kahlo verstehen: Die Künstlerin zog sich bei einem Verkehrsunfall eine Verletzung der Wirbelsäule zu, die ihr fortan permanent Schmerzen und Lähmungen bereitete – ein Faktum, das sie in ihrem Werk ebenso verarbeitete wie die fortwährenden amourösen Eskapaden ihres Mannes, dem Maler Diego Rivera, denen sie mit einer widersprüchlich erscheidenden Mischung aus Aufbegehren und Autoaggression begegnete.

PAINTING OVER A MOMENT: ON THE SIGNIFICANCE OF SABINE DEHNEL'S SERIES OF BODY PAINTINGS

HEINZ STAHLHUT

Sabine Dehnel's work has already been interpreted in many ways. Some have dealt with the crossover between abstraction and objective representation, between painting and staged photography; others have dealt with the fragmentation of the human body in her pictures and how this draws the onlooker's attention to central details, as in the series entitled *Mona*. Here the protagonist in the image appears only as the detail of her décolleté: a method Dehnel uses ironically, allowing the viewer to retrace the historically normative male heterosexual gaze. Some of the busts are clothed in luxurious, others in elegantly subdued garments that—as becomes apparent on second glance—Dehnel created specifically for the photos out of some rather unusual materials, such as plastic foil or metal rings. These garments may allude to the portraits of historical or contemporary female figures that appear in the amulets hanging on necklaces or on the broaches adorning the décolleté, and thus the viewer can associate the black cloth of the top—its filigree flower pattern, its gold braids, and the needles jutting out from it—with the biography of the Mexican painter Frida Kahlo, who often appears in her self-portraits in clothing she herself designed: here Kahlo stages a blend of indigenous Indian culture and Spanish court culture of the seventeenth century with all the seemingly threatening luxuriousness of Catholic ritual and its denigration of women and, simultaneously, its excessive adoration of the Virgin Mary. Even the needles may be interpreted as a commentary upon Kahlo's biography: following an automobile accident causing injuries to her spine, the artist suffered continually from pain and paralysis, a fact she also made use of in her work, as she likewise did with the ceaseless amorous escapades of her husband, the painter Diego Rivera, to which she responded with a seemingly contradictory mixture of rebelliousness and auto-aggression.

As in many other picture series in recent years, here, too, Sabine Dehnel has painted the surface of the model's skin. Not long ago she offered the following comment on the significance of this manner of painting: "The

1   Marc Peschke, »Sensibilisierung der Wahrnehmung«, Interview mit Sabine Dehnel, in: *Photoscala. Internationales Magazin für Fotografie*, 14.6.2009, online unter http://www.photoscala.de/Artikel/Sensibilisierung-der-Wahrnehmung (Stand: 25.2.2013).

Wie bei vielen in den letzten Jahren entstandenen Bildserien hat Sabine Dehnel auch hier die Hautpartien des Modells bemalt. Sie hat sich zur Bedeutung dieses Malaktes folgendermaßen geäußert: »Das direkte Eingreifen mit Hand, Pinsel und anderen Utensilien ist genauso wichtig wie die konzeptionelle Weiterentwicklung. Diese verschiedenen Techniken und Materialien stellen für mich Bearbeitungsmöglichkeiten dar, um meinen Objekten, Utensilien und Kleidungsstücken die passende Textur zu geben.«[1] Auffällig an den Bildern der Serie *Mona* ist, dass die Künstlerin die Dekolletés hier noch stärker als jene in anderen Fotos sichtbaren Körperteile bemalt hat. Nicht allein ist die Malfarbe wesentlich pastoser aufgetragen als in anderen Serien wie *Portrait* oder *Grüner Salon*. Die Farbe ist hinsichtlich ihrer Tönung so appliziert, dass sie auf das plastische Volumen der Formen keine Rücksicht nimmt, ja ihm in manchen Partien gar widerspricht. In *Portrait* ist die Farbe beispielsweise so dezent aufgetragen und sind die hellen und dunklen Töne ungefähr so verteilt, dass sie den konkaven und konvexen Volumina entsprechen.

Während sich die Malfarbe in den anderen genannten Serien dem illusionistischen Charakter des fotografischen Bildes unterordnet, bricht sie ihn hier in doppelter Weise: Die räumliche Illusion von dreidimensionaler Plastizität wird konterkariert; daneben wird die Materialität der Farbe durch den pastosen Auftrag betont. Werden durch Erstes grundlegende Fragen der Bildlichkeit verhandelt, verweist das Zweite auch auf kulturelle Fragen, die aber spätestens seit den 1960er-Jahren auch in der Kunst heftig diskutiert werden.

Denn durch den pastosen Auftrag wird nicht nur die Malfarbe in ihrer Materialität betont, womit immer noch vor allem Fragen der Bildlichkeit berührt sind, wie sie besonders in der amerikanischen Malerei durch den beispielsweise von Robert Ryman betonten Unterschied von »Color« und »Paint« verhandelt wurden. Sondern mit der pastosen Farbe wird auch das Thema der Haut berührt, deren Funktion und Bedeutung in den letzten Jahrzehnten auch künstlerisch vermehrt in den Blick genommen worden sind.

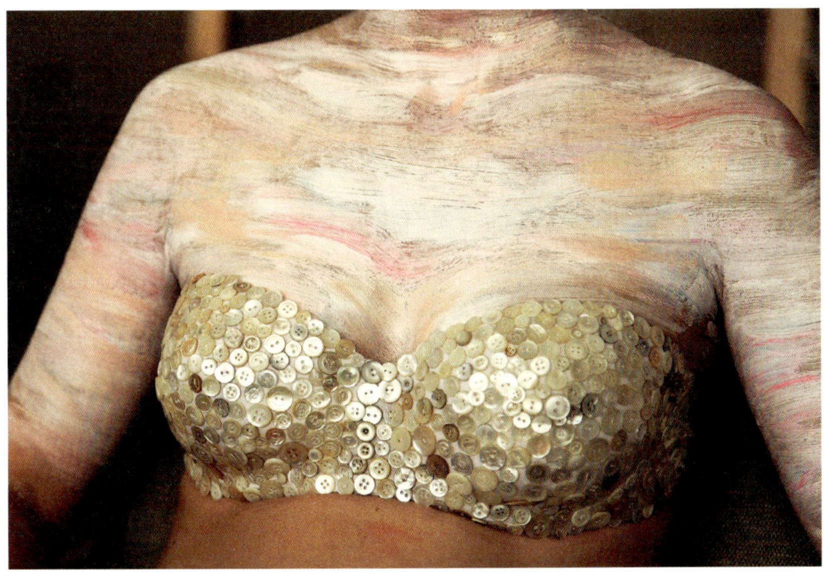

Zwischenschritt im Arbeitsprozess / Work in progress

1   Marc Peschke, "Sensibilisie-
    rung der Wahrnehmung,"
    interview with Sabine Dehnel,
    *Photoscala: Internationales Maga-
    zin für Photographie* (June 14,
    2009), http://www.photoscala.
    de/Artikel/Sensibilisierung-
    der-Wahrnehmung (accessed
    February 25, 2013).

direct intervention with hand, brush, and other utensils is as important as the ongoing conceptual development. For me, these various techniques and materials offer further opportunities to give my objects, utensils, and garments the appropriate texture."[1]

In the picture series *Mona*, it is obvious that the artist has painted the décolleté more heavily than the visible parts of the body in other photos. Not only is the paint color applied more thickly in pastose brushstrokes than in other series, such as *Portrait I–XIII* or *Green Salon*, but the color is applied in tones that appear to take no consideration of the three-dimensional volume of the forms; it even contradicts them in places. In *Portrait I–XIII* the color is applied rather subtly, and the light and dark hues are also distributed so that they largely correspond to the concave or convex contours of the forms they render.

Whereas the paint color in the series mentioned above is subordinated to the illusory character of the photographic image, here it fractures the illusion in a twofold manner. On the one hand, the spatial illusion of a three-dimensional shape is counteracted, and, on the other hand, the materiality of the paint is accentuated through the pastose application of color. This first technique addresses fundamental questions of pictorial representation, whereas the second technique also alludes to cultural questions that have become the subject of increasingly controversial debates in the arts since the nineteen-sixties.

The heavy application of paint accentuates not only the paint color in its materiality—thus touching upon questions of pictorial representation, particularly as they have been treated in American painting by artists such as Robert Ryman, who likewise accentuates the distinction between "color" and "paint." Simultaneously, the pastose application of paint

2 Didier Anzieu, *Das Haut-Ich*, Frankfurt am Main 1996, S. 13.

3 Ebd. S. 20 f., siehe auch Claudia Benthien, *Haut. Literaturge-schichte – Körperbilder – Grenz-diskurse*, Reinbek bei Hamburg 1999, S. 251.

4 So erkunden Kleinkinder durch das Berühren und Loslassen, durch das bewusste Herstellen und Auflösen von Kontakt die eigenen und fremden Körper-grenzen; die menschliche Haut ist demnach eine organische wie imaginäre Gegebenheit, siehe Benthien 1999 (wie Anm. 3), S. 13.

5 Anzieu 1996 (wie Anm. 2), S. 49 ff.

Die Haut ist Schutzvorrichtung unserer Individualität sowie erstes Instrument und Ort des Austausches mit anderen.[2] Ihre Zweischichtigkeit, bei der der obersten Schicht eine Schutzfunktion, der darunterliegenden jedoch eine Filterfunktion zur Aufnahme von Informationen und Steuerung des Austausches zukommt, hat Anlass zu der Frage gegeben, ob Denken nicht ebenso viel mit der Haut wie mit dem Gehirn zu tun hat.[3]

Die Haut ist mithin nicht nur ein Sinnesorgan, das anders als die übrigen lebensnotwendig ist, sich früher als alle anderen ausbildet, enge Beziehungen zu den anderen Sinnesorganen aufweist und im Gegensatz zu ihnen Reize nicht abweisen kann; auch kommt der Haut als Organ der Identifizierung Bedeutung für die Identitätsbildung zu.[4] Da die Haut das innere Milieu schützt, also Störungen von außen abfängt und dann oftmals Spuren dieser Störungen auf sich trägt (blaue Flecke, Narben und so weiter), entblößt sie in gewisser Weise den inneren Zustand.

Doch die Haut hat aufgrund ihrer Exposition nicht nur diese unmittelbar organische, sondern auch große kulturelle Bedeutung. So haben sich im Laufe der Rationalisierungstendenzen und Versachlichungsprozesse im Jahrhundert der Aufklärung Ideen herausgebildet, die in deutlichem Gegensatz zu den vorneuzeitlichen Körpervorstellungen stehen. Der moderne Körperkanon lässt nur das Bild eines »fertigen, streng begrenzten, nach außen verschlossenen, von außen gezeigten, unvermischten und individuell ausdrucksvollen Körpers«, also – analog zur Idee des bürgerlichen Individuums – einer streng abgegrenzten Einheit mit einer undurchdringlichen, glatten Fassade zu.[5]

Seither ist die Haut Objekt einer permanenten Semantisierung, Kodierung und Stilisierung. Dass die Haut Projektionsfläche und Austragungsort gesellschaftlicher Diskurse und Machtverhältnisse ist, zeigt sich unter anderem daran, dass alle Hautveränderungen (sowohl ungewollte wie Allergien als auch gewollte wie Tätowierungen) den Blick eines anderen auf sich ziehen. Denn die Haut wirkt als opaker Blickfang; das Dahinter- und Darinliegende kann nur imaginiert werden, weshalb sichtbare und

2 Didier Anzieu, *The Skin Ego*, trans. Chris Turner (New Haven, 1989).

3 Anzieu 1989 (see note 2). See also Claudia Benthien, *Haut: Literaturgeschichte—Körper-bilder—Grenzdiskurse* (Reinbek, 1999), p. 251.

4 This is how small children reconnoiter their own and other people's physical bound-aries—by touching and letting go, by engaging in and relin-quishing contact. In this sense the skin is both an organic and an imaginary reality. See Ben-thien 1999 (see note 3), p. 13.

5 Anzieu 1989 (see note 2).

also touches upon the topic of skin, whose function and significance have increasingly caught the attention of artists in recent decades.

Skin is a protective organ of our individuality as well as an instrument and place for interaction with others.[2] The dual function of the skin as a two-sided membrane—the skin's outer surface plays a protective func-tion, whereas the layer beneath it acts as a filter, allowing information to pass through it while monitoring the exchange—has given rise to the question of whether thought might have as much to do with the skin as with the brain.[3]

The skin is not only a sensory organ that is essential to life, whereas the other sensory organs are not; it also develops earlier than all the other sensory organs, and it maintains close relationships to them. And yet, in contrast to them, the skin cannot reject sensory stimulation. The skin also plays a significant role as an organ of identification in the development of identity.[4] Although the skin offers protection for the inner milieu—it buf-fers interference from without and often bears the traces of such interfer-ence in the form of bruises, scars, etc.—it also exposes, in a certain sense, one's inner condition.

Due to its exposure, the skin has not only an immediate organic sig-nificance but also a cultural one. The ideas that developed under the processes of rationalization and objectification during the century of the Enlightenment stand in stark contrast to the notions of the body in the pre-modern era. The modern canon of thought on the body accepts only the image of a complete, rigidly delimited, self-enclosed body visible from without and individually expressive; in a word, and analogous to the idea of the bourgeois individual, a strictly delimited unity with an impreg-nable, smooth façade.[5]

Since then, skin has remained an object of continuous semanticization, codification, and stylization. That the skin is a surface for projections and a location where social discourses transpire can be seen in the fact that all changes in the skin (both those that are unintentional, as in the case

6 Karl-Josef Pazzini, »Haut. Berührungssehnsucht und Juckreiz«, in: *Körperteile. Eine kulturelle Anatomie*, hrsg. von Claudia Benthien und Christoph Wulf, Reinbek bei Hamburg 2001, S. 153–173.

fühlbare oberflächliche Veränderungen der Haut als Symptome für die Verhältnisse im Inneren angesehen werden.[6]

Wenn Sabine Dehnel also die Haut ihrer Modelle sichtbar mit Farbe bemalt, stört sie zwar die »Lesbarkeit« der Haut, schärft damit aber zugleich unser Bewusstsein für derartige Vorstellungen. Da sie in ihren Werken vor allem weibliche Modelle einsetzt, werden durch dieses Vorgehen auch unweigerlich Geschlechterfragen berührt. Denn der Vorgang des Bemalens der Haut mit pastoser Farbe ist durchaus dem Auftragen von Make-up ähnlich, das in der Kultur der europäischen Moderne weitgehend weiblich konnotiert ist. Der Vorgang des Schminkens – wenngleich er im Falle Dehnels inszenierter Fotografie ja von der Künstlerin vollzogen wird – lässt sich auf einer ersten Ebene als autoerotische Hinwendung zum eigenen Körper deuten, die dem konventionellen Bild des heterosexuellen Mannes ebenso widerspricht wie der mit dem Schminkvorgang verfolgte Zweck, Makel zu verdecken und bestimmte Teile des Gesichts hervorzuheben. Während gemäß herkömmlichen Vorstellungen Narben einen Mann eher »zieren« – man denke nur an die Mensuren der Korpsstudenten oder die zeitgenössische Praxis von Piercing, Branding oder Skarifizieren –, soll die weibliche Physis, mithilfe der Kosmetik, von Alterung oder Verletzung unberührt erscheinen.

Wie in allen Serien Sabine Dehnels stellt auch das Element der Bemalung der Modelle unter anderem eine Hinterfragung konventioneller Geschlechtervorstellungen dar.

6 Karl-Josef Pazzini, "Haut: Berührungssehnsucht und Juckreiz," in *Körperteile: Eine kulturelle Anatomie*, eds. Claudia Benthien and Christoph Wulf (Reinbek, 2001), pp. 153–73.

of allergies, as well as those that are intentional, as in tattoos) attract the attention of others to them. For the skin acts as an opaque eye-catcher: what lies beneath or behind it can only be imagined, and for that reason the visible or palpable surface-changes of the skin are viewed as symptoms of relationships within.[6]

Thus, when Sabine Dehnel paints the skin of her models in such a visible fashion, she disrupts the skin's legibility, and yet at the same time sharpens our awareness of such notions. Since she uses primarily female models in her works, her method unavoidably raises questions of gender, for the manner of painting the skin with pastose color is essentially related to the use of makeup that largely carries female connotations in modern European culture. The process of applying makeup—although, in Dehnel's staged photography, it is performed by the artist as the "other"—can, on one level, be interpreted as an autoerotic attentiveness to one's own body that appears as much a contradiction to the conventional image of the heterosexual male as the very aim of applying makeup: to conceal blemishes, and to accentuate parts of the face. Whereas, according to traditional opinion, scars "grace" the man wearing them—one thinks here of the slash wounds proudly worn by the members of dueling fraternities, or the contemporary practice of piercing, branding, and cutting—the female body, supported by cosmetics, appears untouched by aging or injury.

As in all of Sabine Dehnel's serial works, the element she introduces by painting her models calls into question, among other things, the stereotypical conventions of gender.

Ausschnitt, 2006

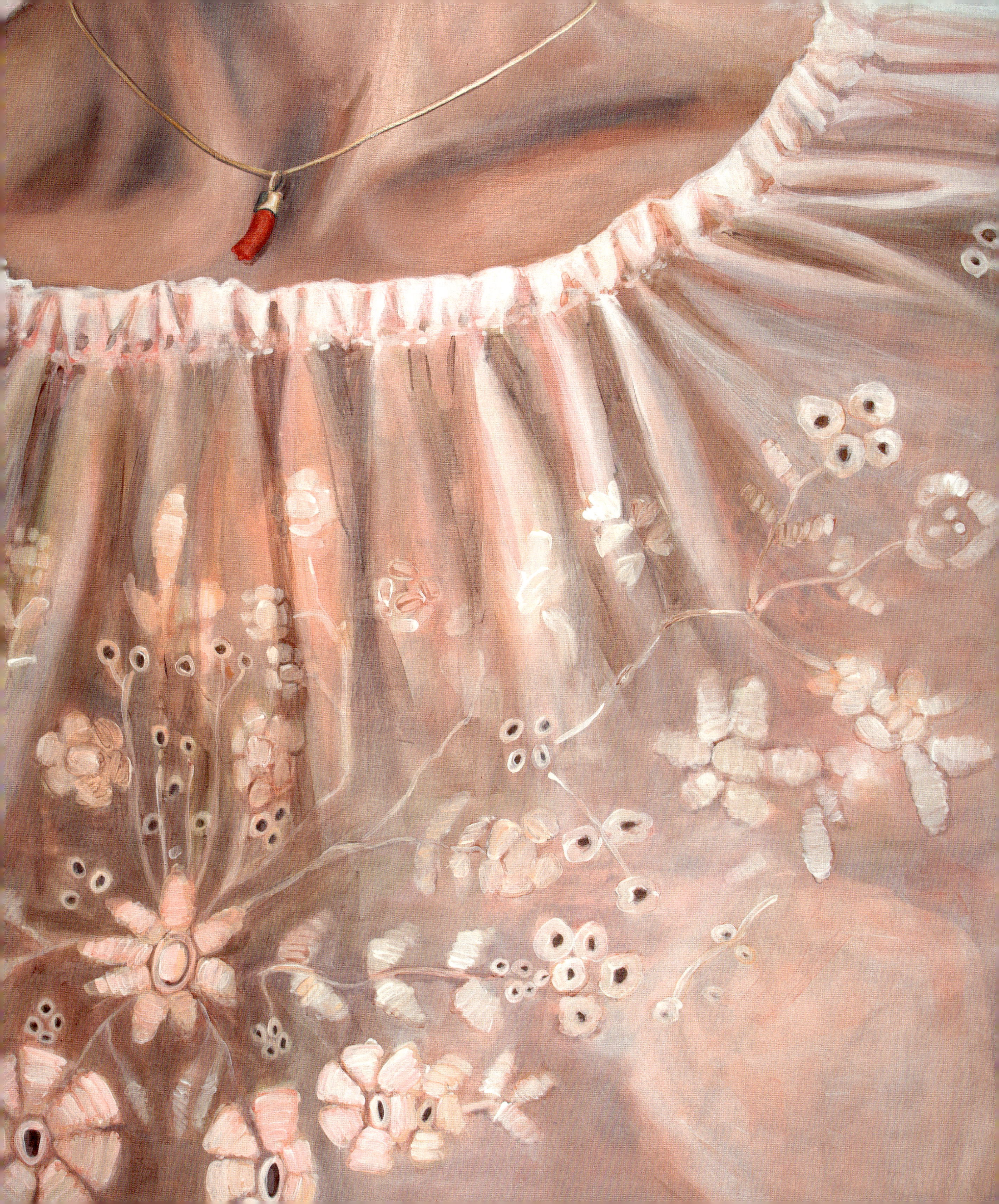

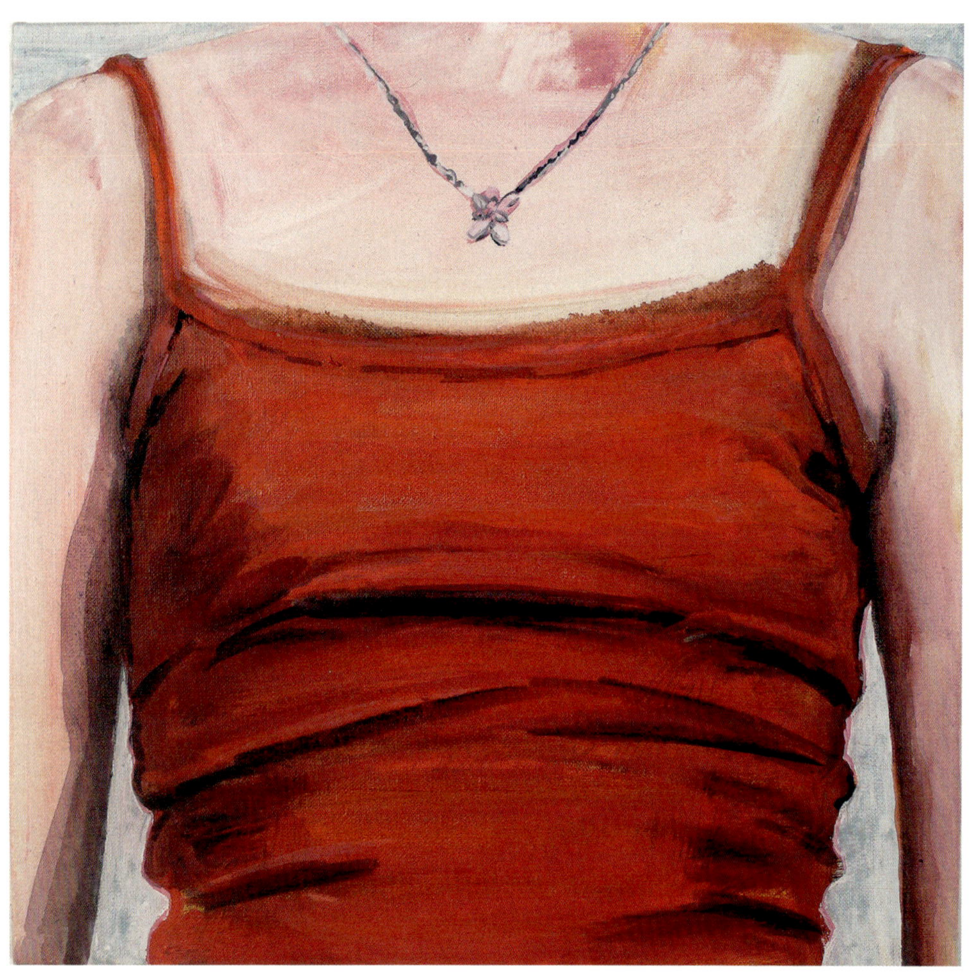

»DAS WERK VON SABINE DEHNEL BESCHREIBT DEN WEG EINER INTERMEDIALEN RECHERCHE ÜBER DAS WESEN UND DIE MECHANISMEN DER WAHRNEHMUNG.«

"SABINE DEHNEL'S WORK DESCRIBES THE METHOD OF INTERMEDIAL INVESTIGATION INTO THE CHARACTER AND MECHANISMS OF PERCEPTION."

UWE SCHRAMM

Hanna, 2008

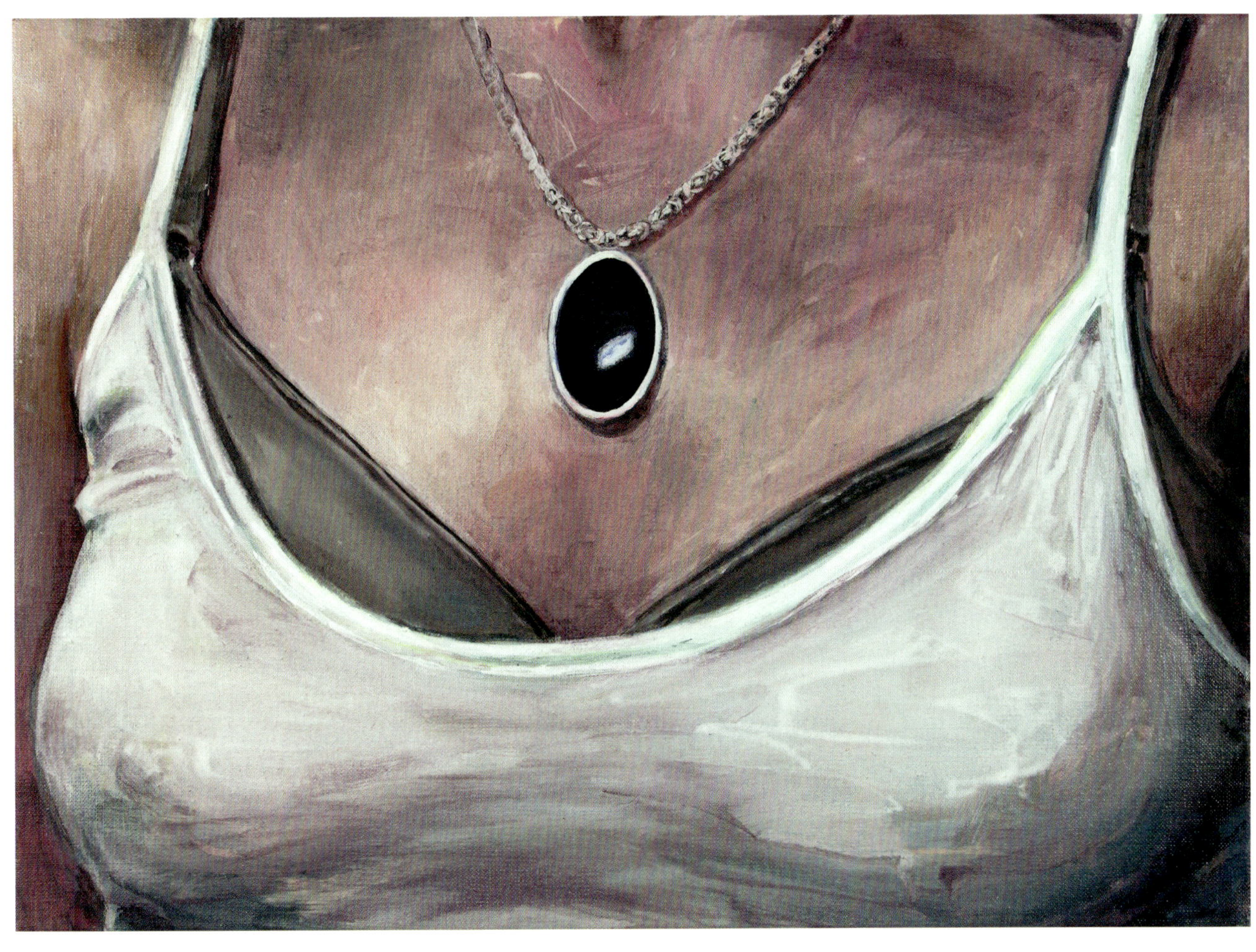

»KLEIDUNGSFRAGEN, ALSO DAS VERMEINTLICH OBERFLÄCHLICHE,
"QUESTIONS OF CLOTHING—WHICH ARE PRIMA FACIE SUPERFICIAL THINGS—
SIND HEUTE VIELLEICHT MEHR DENN JE IDENTITÄTSFRAGEN.
ARE TODAY PERHAPS MORE THAN QUESTIONS OF IDENTITY.
SO STELLTEN VELVET UNDERGROUND
AS THE VELVET UNDERGROUND PLAINTIVELY ASKED
SCHON EINIGE JAHRE VOR SABINE DEHNELS GEBURT
SOME YEARS BEFORE SABINE DEHNEL WAS BORN:
DIE PROPHETISCHE WIE ENTSCHEIDENDE FRAGE:
'AND WHAT COSTUME SHALL THE POOR GIRL WEAR TO ALL TOMORROW'S PARTIES?'"
›AND WHAT COSTUME SHALL THE POOR GIRL WEAR TO ALL TOMORROW'S PARTIES?‹«
LUMINITA SABAU

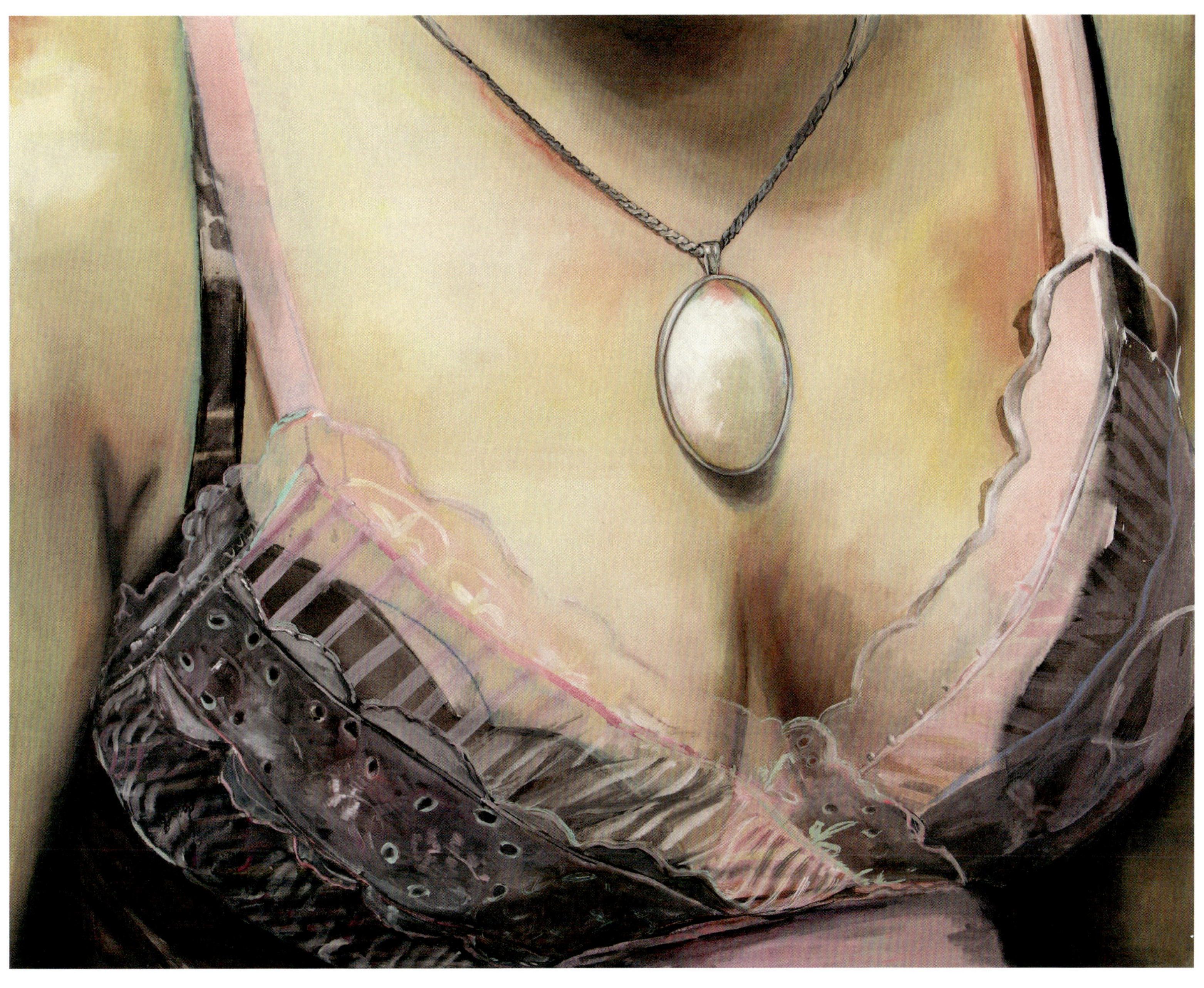

Mona, 2010/11

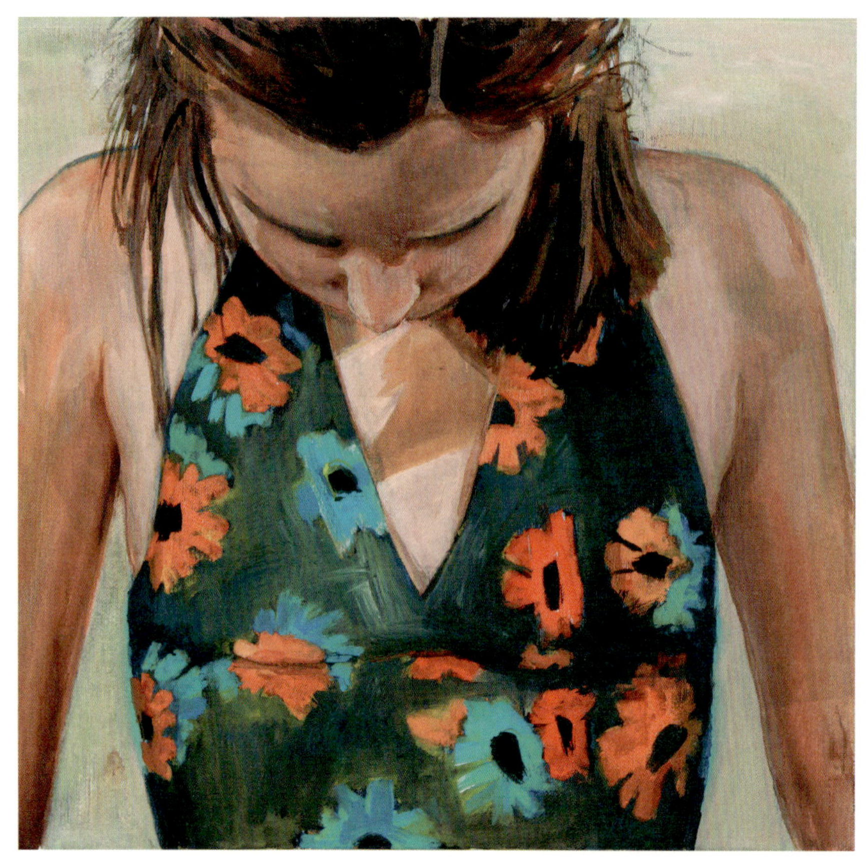

Nelly, 2010

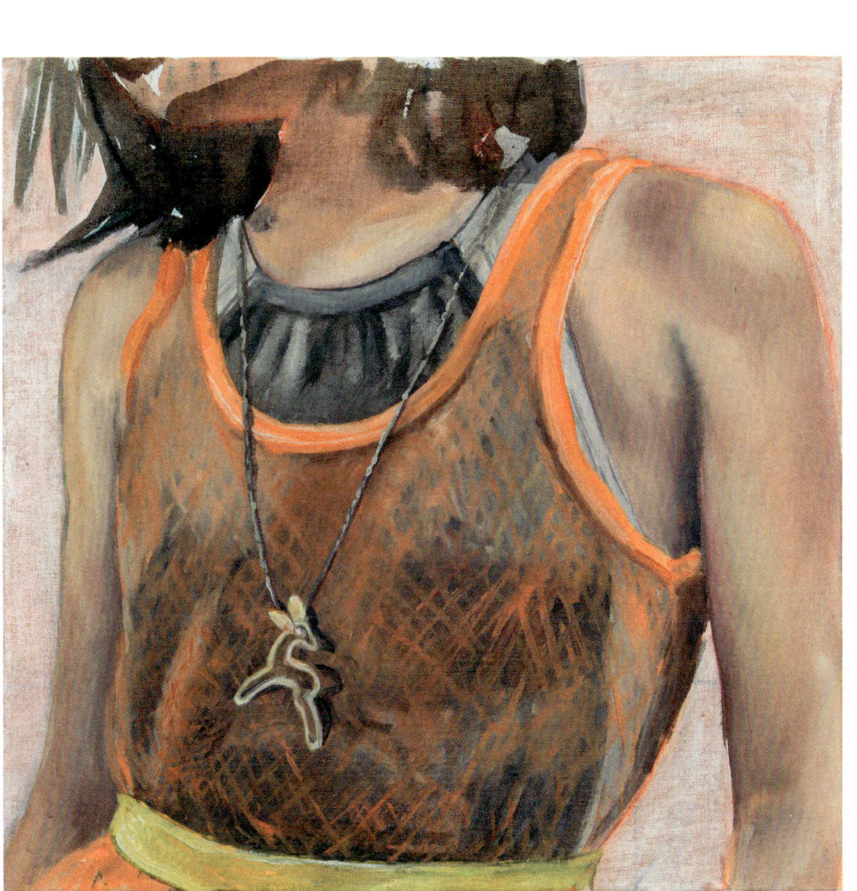

»DEHNELS ARBEITEN STELLEN FRAGEN NACH DEM REALITÄTSGEHALT VON MEDIAL VERMITTELTEN BILDERN UND DAMIT NACH DEREN GLAUBWÜRDIGKEIT UND AUTHENTIZITÄT IM HINBLICK AUF DAS IN DER ERINNERUNG GEGENWÄRTIG ERLEBTE.«

"DEHNEL'S WORK ASKS FOR THE TRUTHFULNESS OF IMAGES CONVEYED BY THE MEDIA AND, THUS, FOR THEIR CREDIBILITY AND AUTHENTICITY WITH RESPECT TO WHAT WE MOMENTARILY WITNESS IN OUR MEMORIES."

UWE SCHRAMM

Marlene, 2010

»MIT LEIB UND SEELE MALERIN ZU SEIN,
"FOR SABINE DEHNEL, THE WISH TO BE A PAINTER, BODY AND SOUL,
BEDEUTETE FÜR SABINE DEHNEL VON ANFANG AN NICHT,
NEVER MEANT LOSING HER HEAD. HER WORK IS CONCEPTUAL
DEN KOPF ZU VERLIEREN. SIE ARBEITET KONZEPTUELL,
AND INCLUDES PHOTOGRAPHY AND INSTALLATIONS."
AUCH MIT FOTOGRAFIE UND INSTALLATIONEN.«
SIGRUN HELLMICH

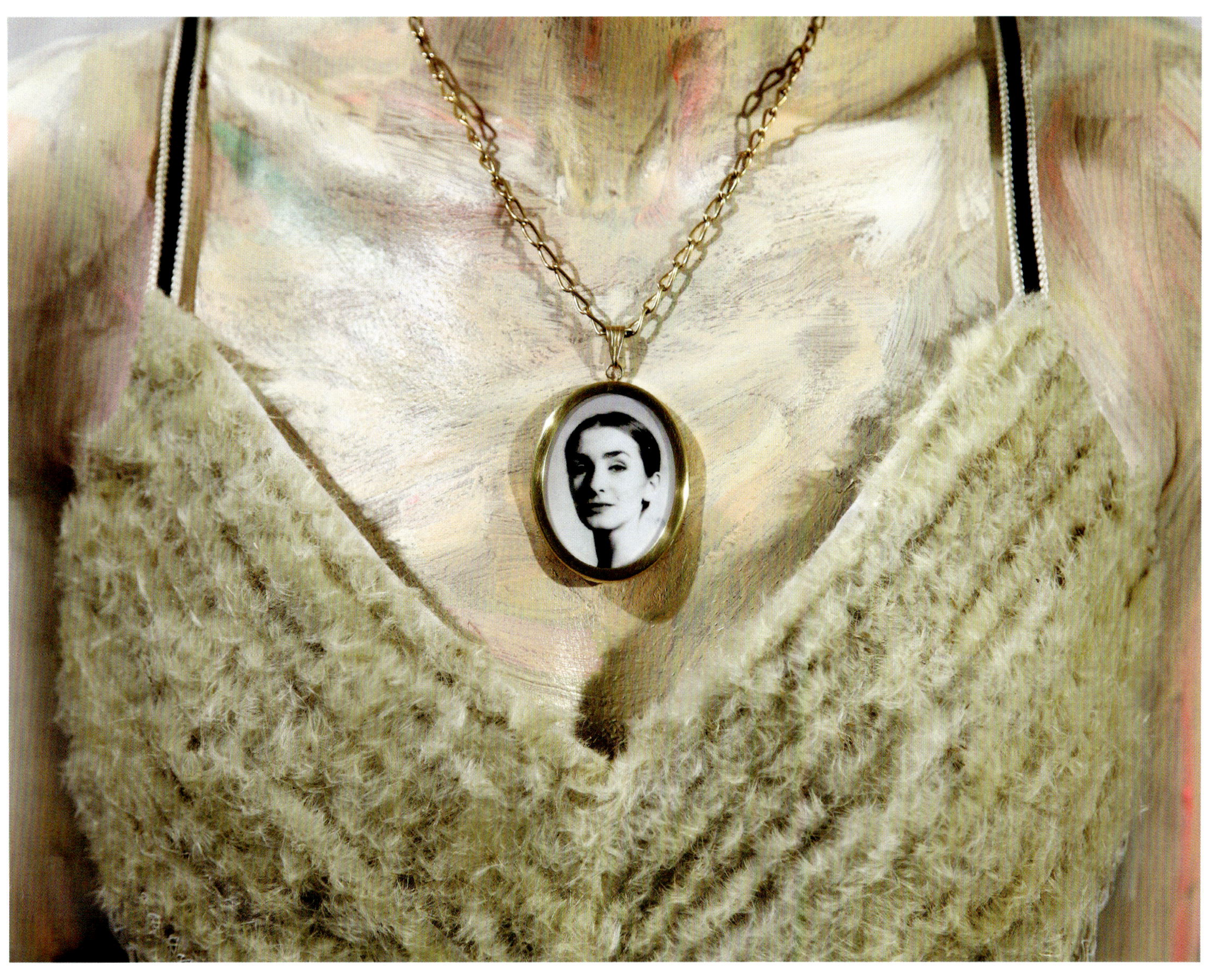

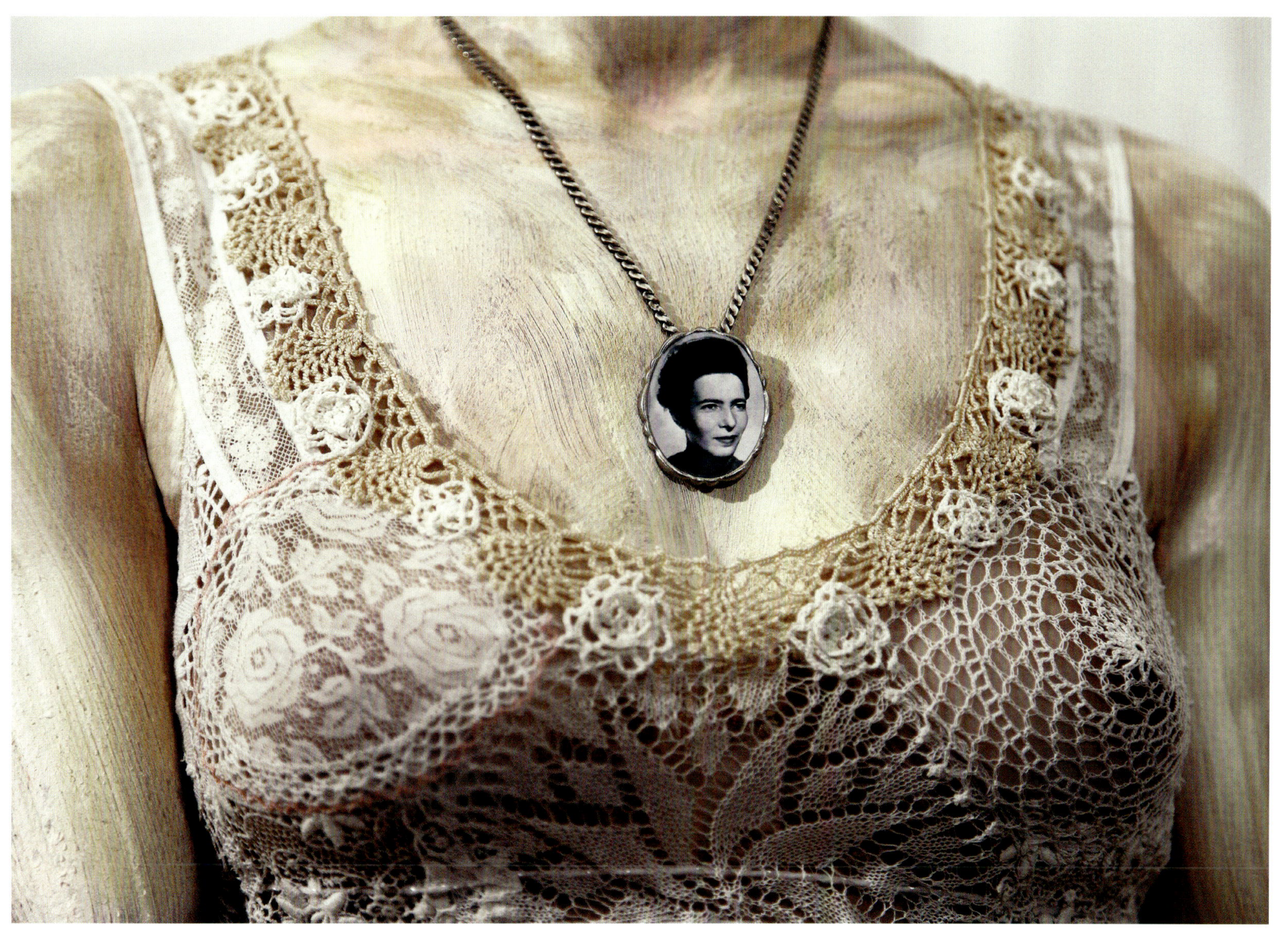

Mona V (Simone de Beauvoir), 2011

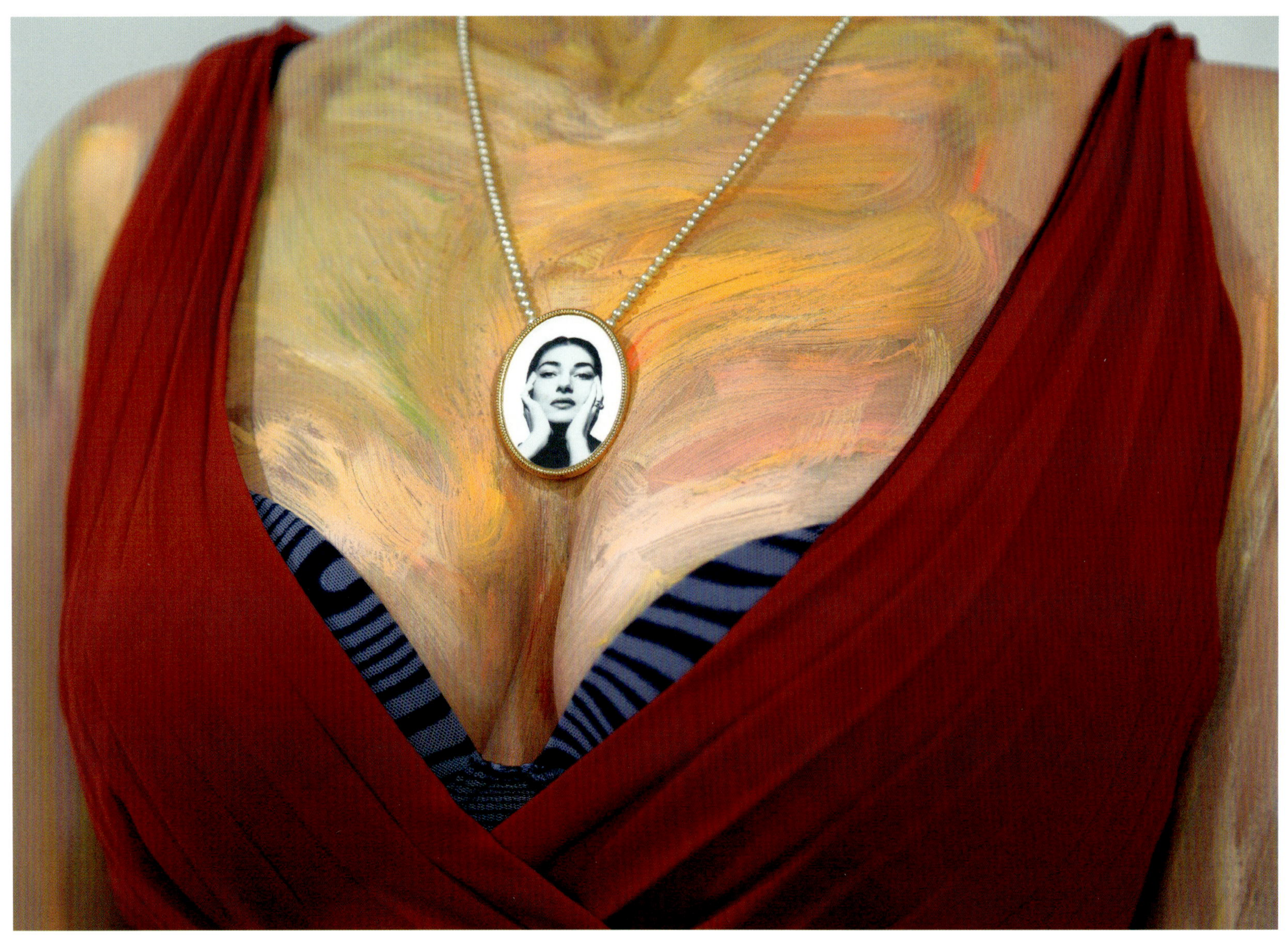

Mona I (Maria Callas), 2010

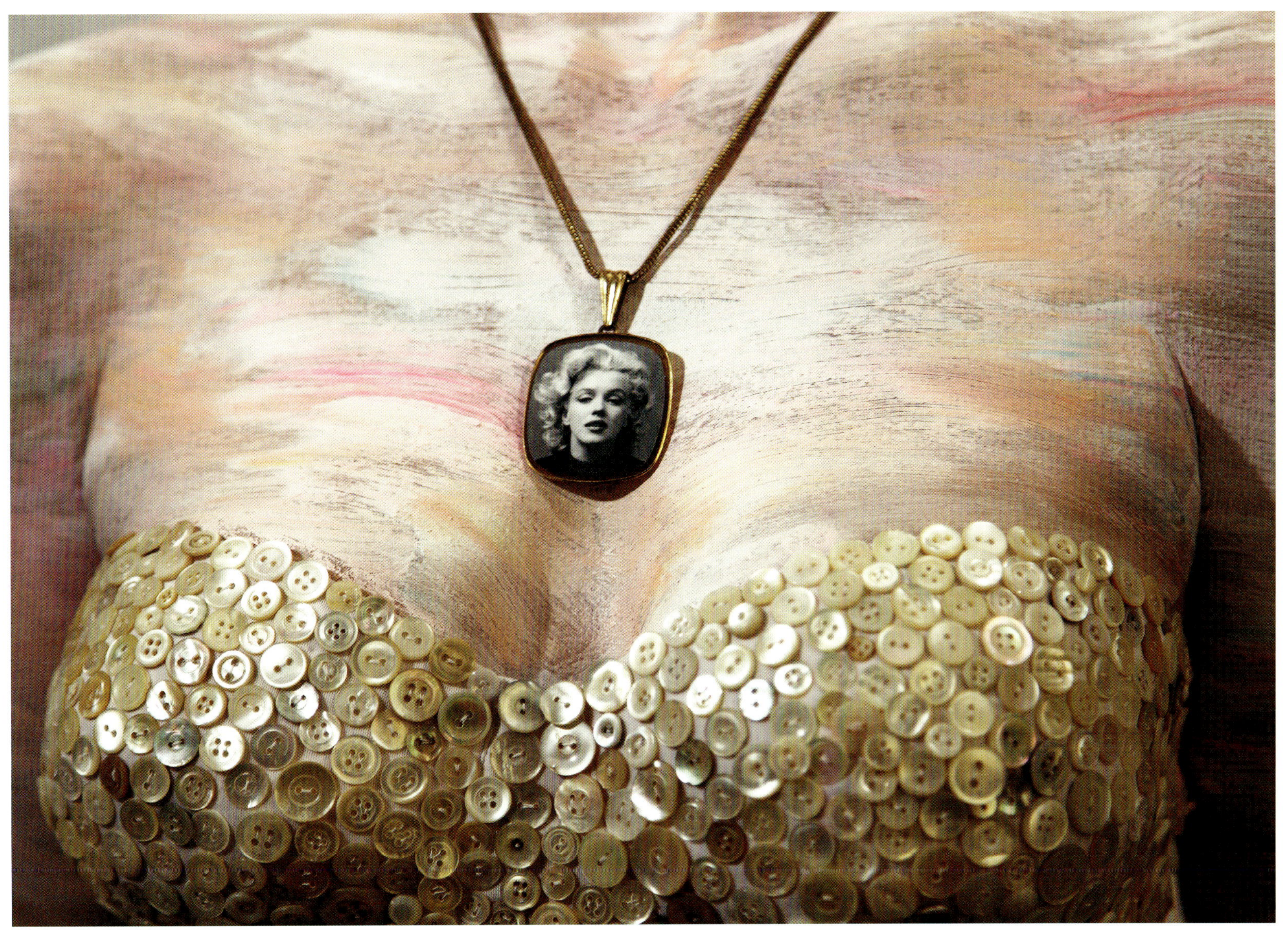

Mona III (Marilyn Monroe), 2010

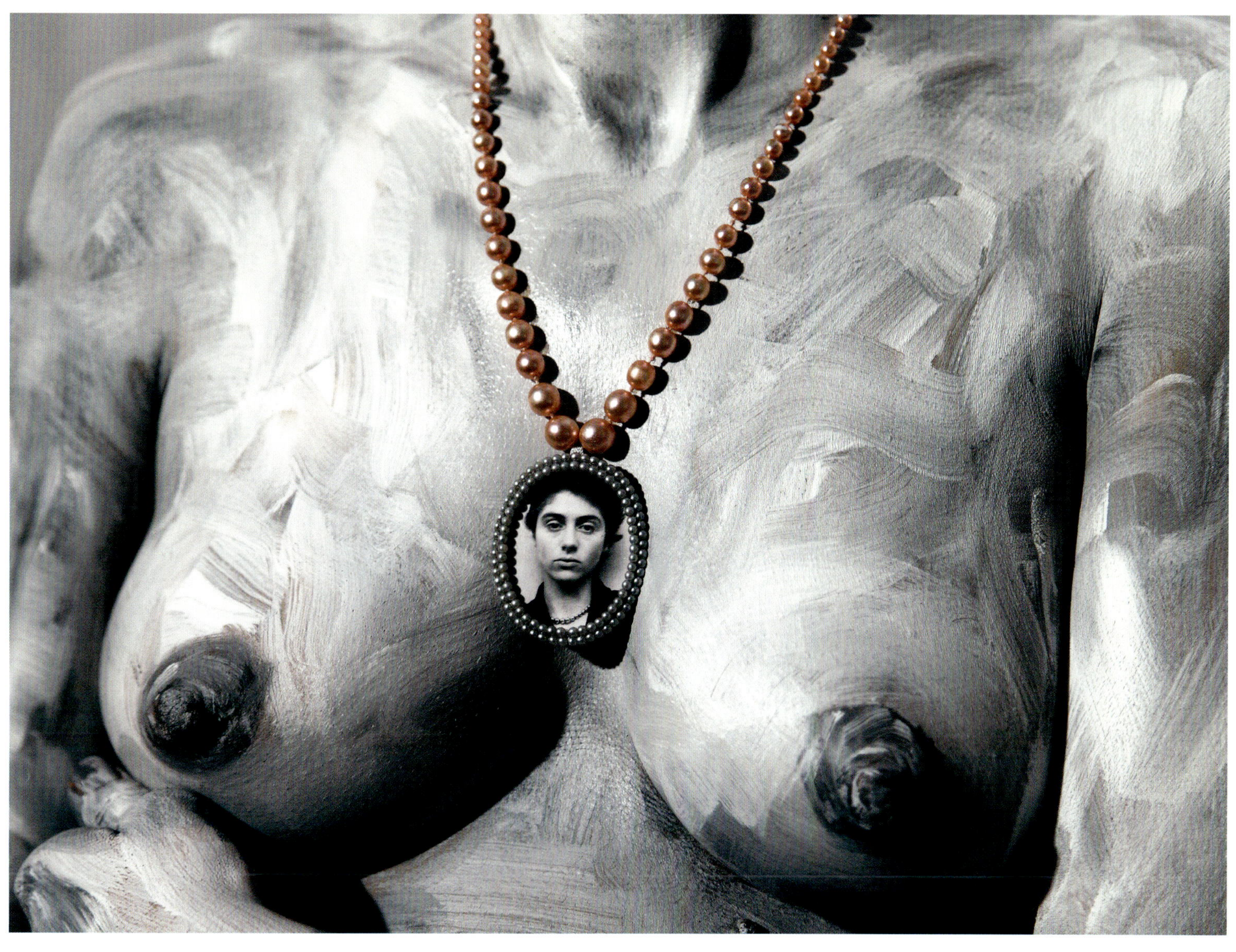

Mona XII (Diane Arbus), 2013

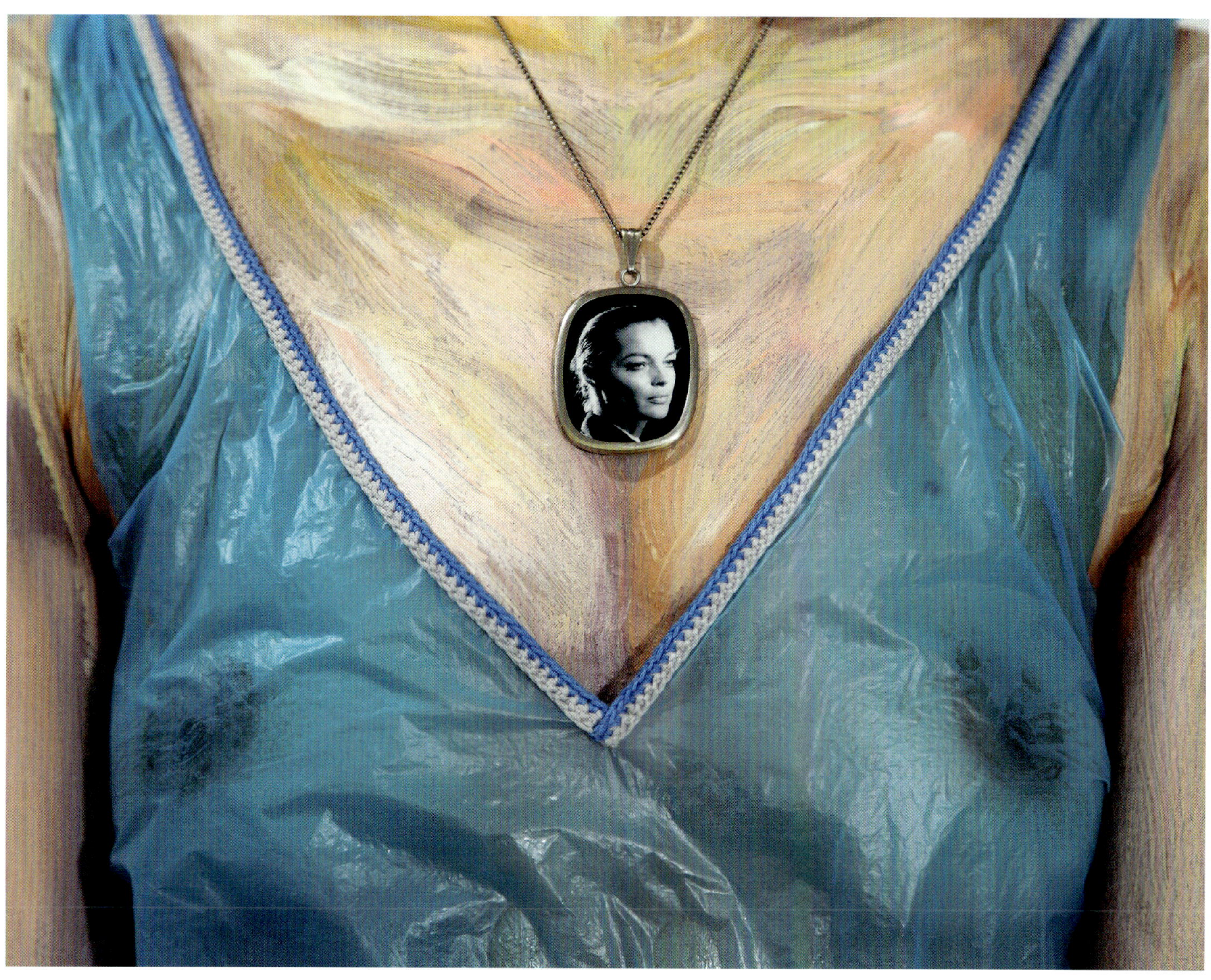

Mona II (Romy Schneider), 2010

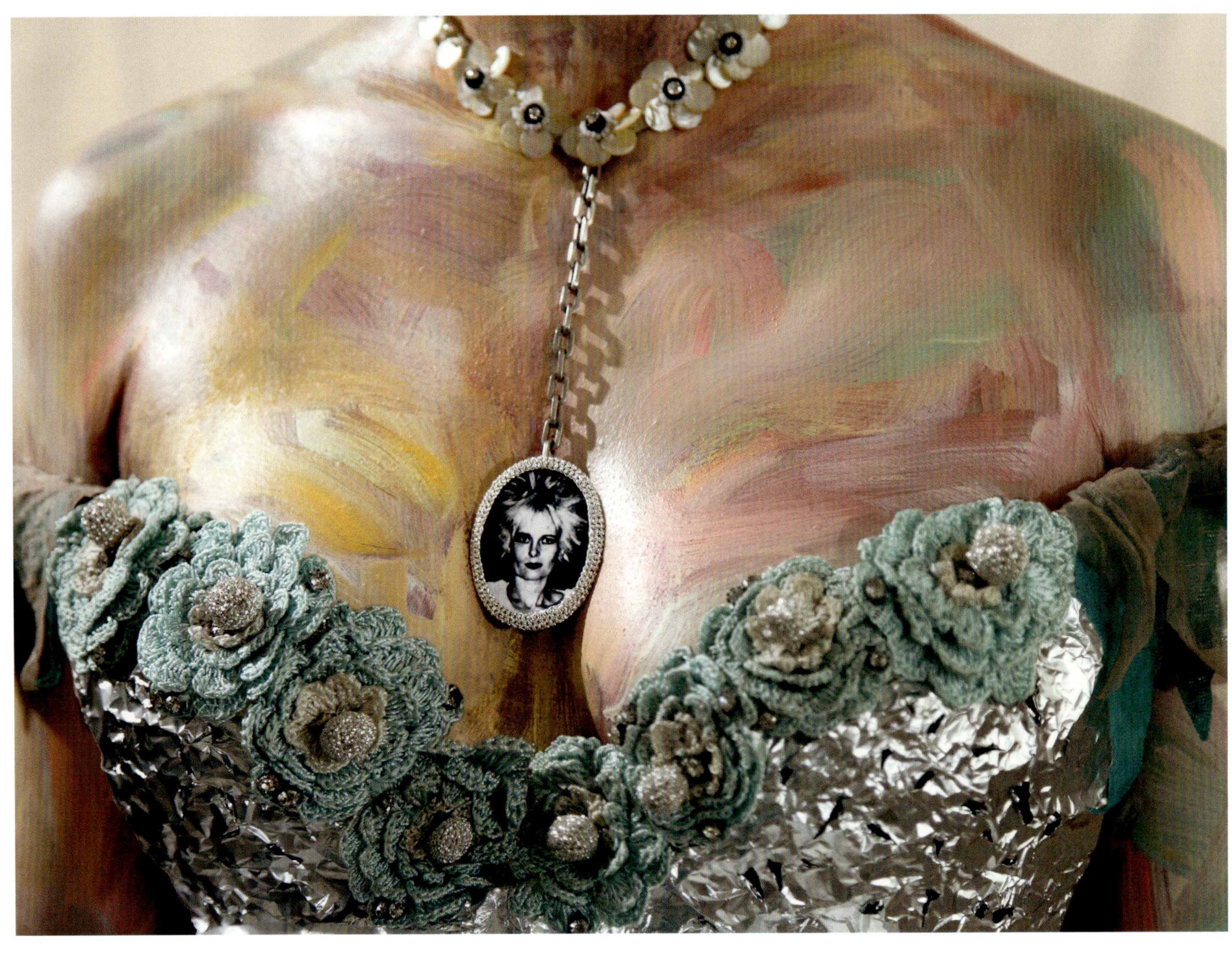

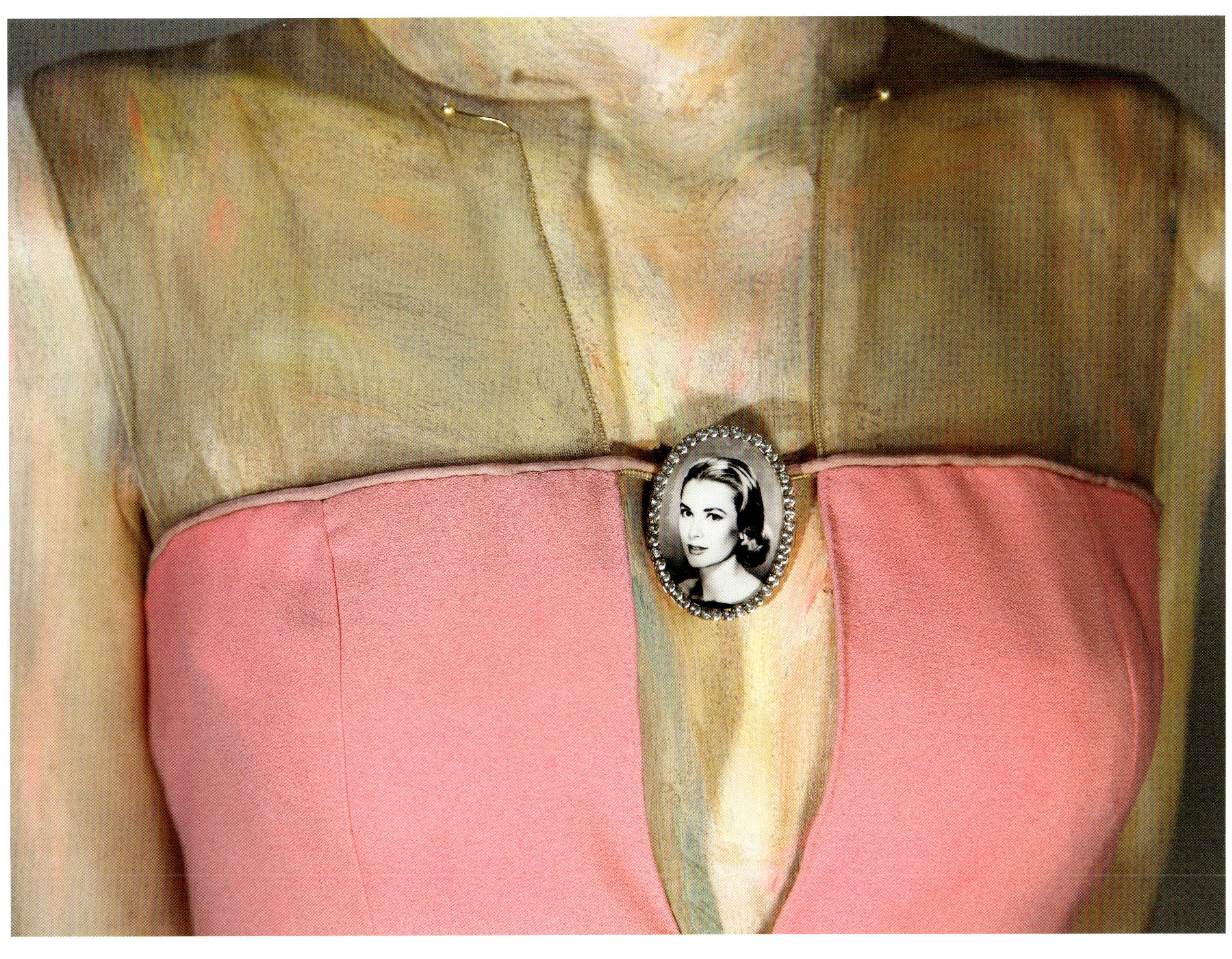

Mona VII (Grace Kelly), 2011

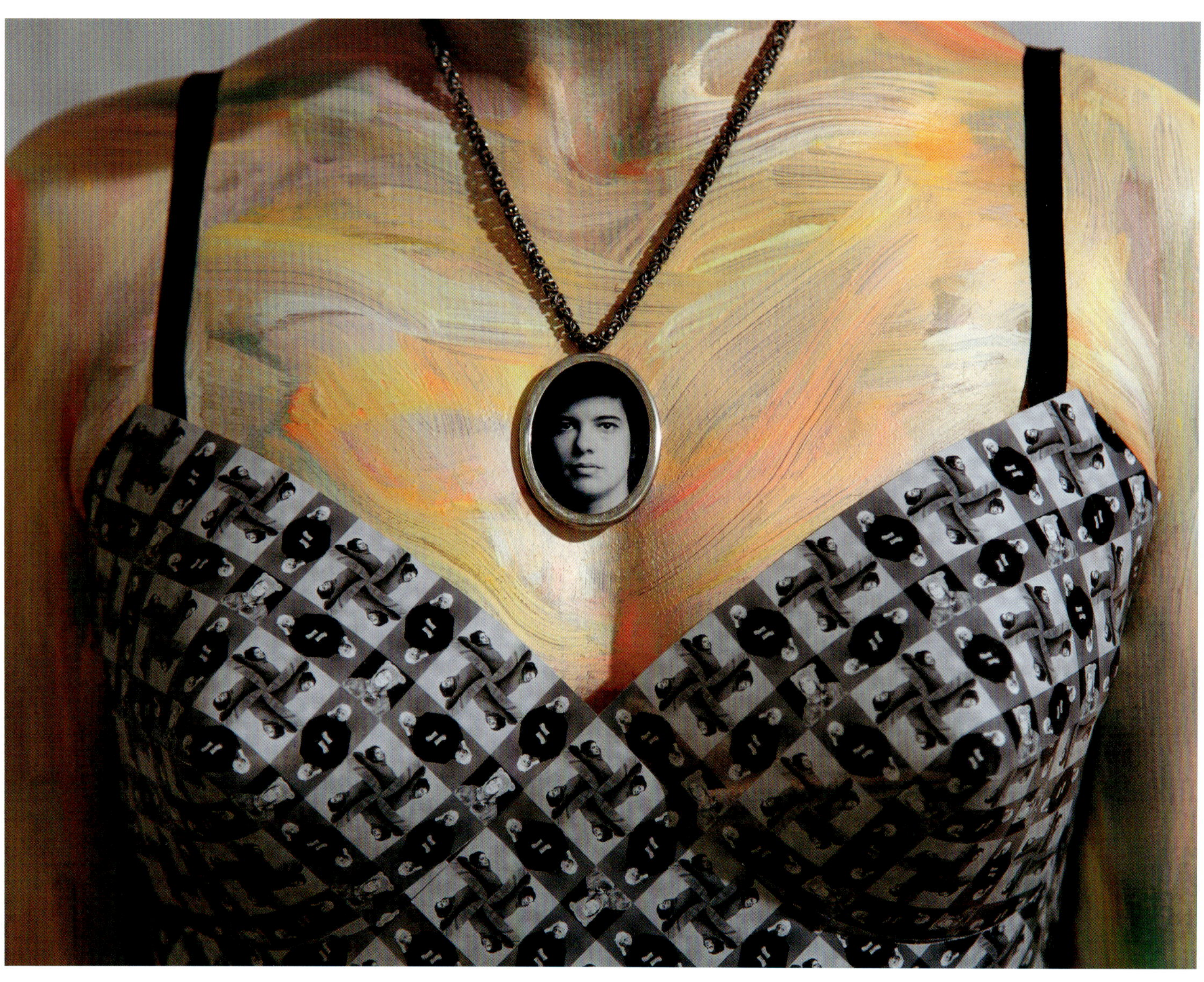

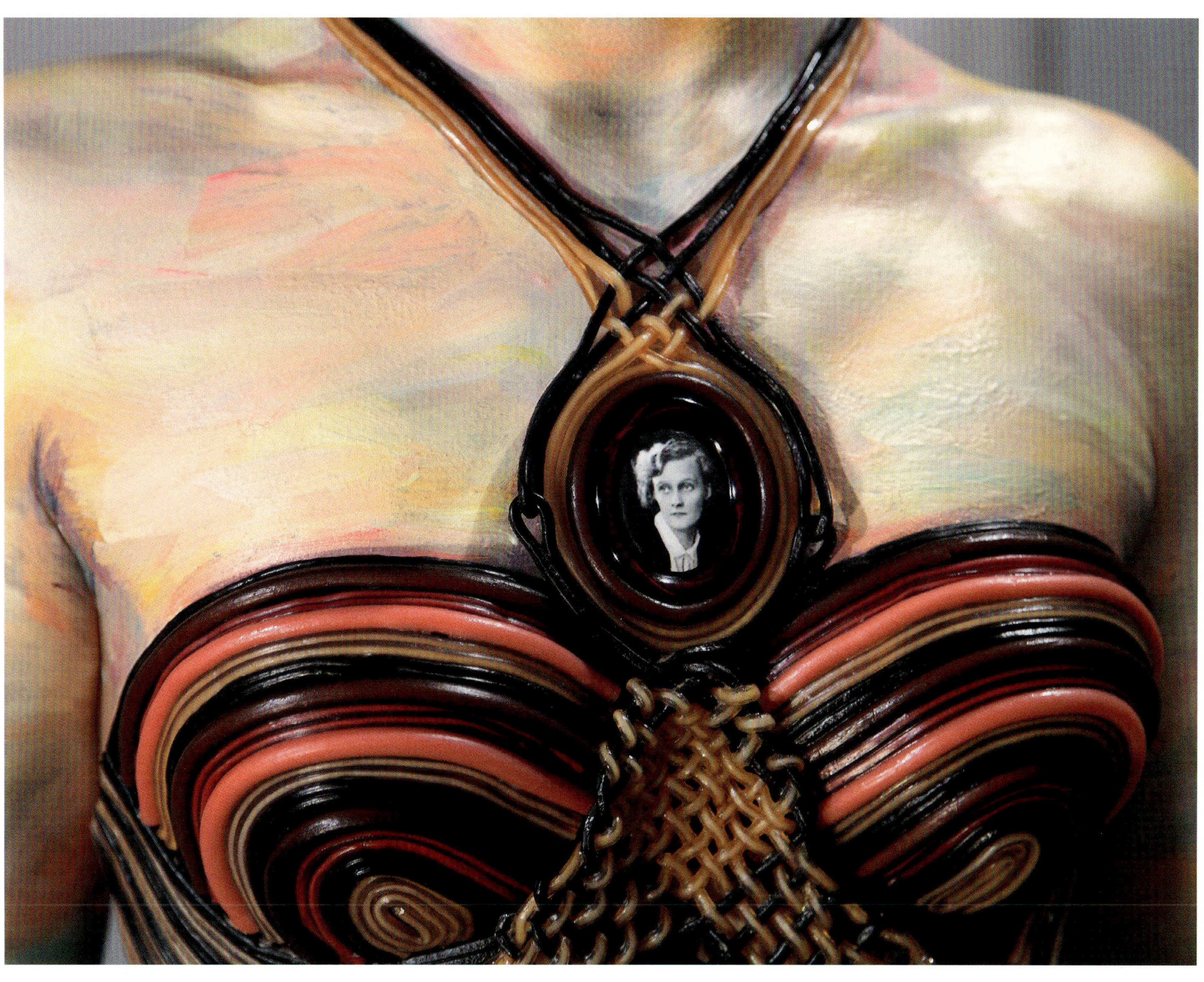

Mona X (Astrid Lindgren), 2012

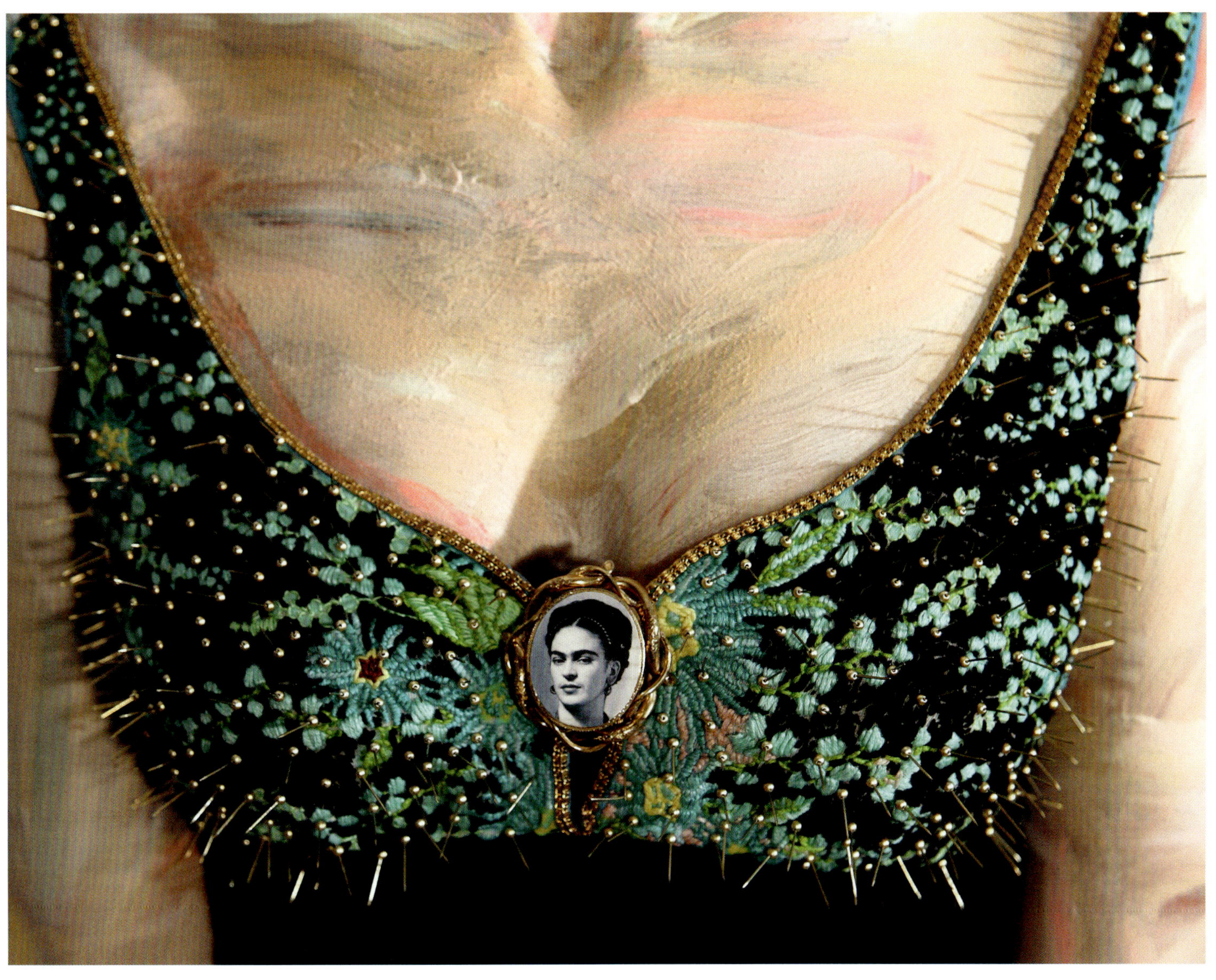

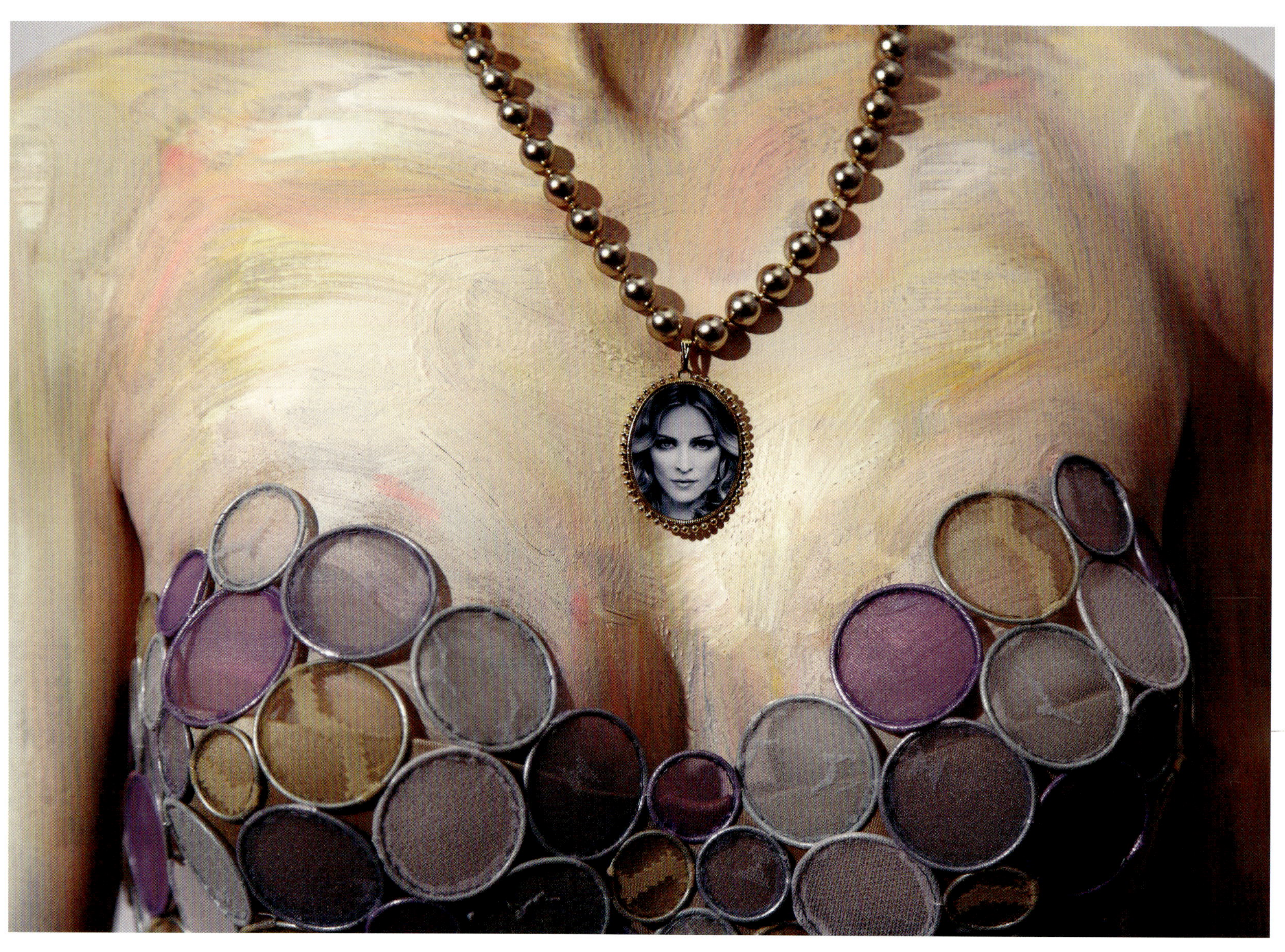

Mona IV (Madonna), 2010

DEKOLLETÉ STATT POSTERWAND

CONSTANZE MUSTERER

Sabine Dehnels Fotografien von überdimensionierten Dekolletés ermöglichen eine durch und durch sinnliche Begegnung. Der Bildausschnitt ist auf das Insigne der Weiblichkeit reduziert – ein klassisches, als »männlicher Blick« konnotiertes Sujet. Kopflos mit einem Hauch von selbstbewusster, natürlicher oder auch provozierender Erotik fungieren die weiblichen Dekolletés in ganz unterschiedlicher Bekleidung als Präsentationsfläche für ein Amulett mit dem fotografischen Schwarz-Weiß-Porträt einer Frau. Ein expliziter, beinahe leidenschaftlicher Farbduktus auf den unbedeckten Hautpartien betont die Körperformen und verhüllt gleichzeitig deren wahre Oberfläche. Ein Schutz vor Blicken oder der subtile Wink, »tiefer« zu schauen? Die Materialien der Kleidung belegen in ihrer fotografischen Tiefenschärfe einen konzeptuellen Bildaufbau und stehen den bemalten Hautpartien diametral entgegen. Folgt man dem Wink, so ist schnell erkennbar, dass es keine handelsüblichen, sondern eigens für die Trägerin entworfene und hergestellte Kleidungsstücke sind, die dazu in einer Beziehung zu ihr zu stehen scheinen. In diesen Fotografien wird jeglicher Voyeurismus unterlaufen. Das Zusammenspiel von der Hommage an die Malerei, die direkt auf dem Körper des Models erfolgte, und die Fotografie, die sich wiederum in den Schwarz-Weiß-Porträts selbst rezitiert, hält Sabine Dehnel in ihren inszenierten Fotografien fest. Sie konfrontieren den Betrachter, indem sie die Glaubwürdigkeit des Mediums und des Bildes immer wieder in Zweifel ziehen.

Der Blick wird zwischen die Brüste auf das Amulett mit dem eingefassten Porträt geführt. Vom Bildaufbau her ist das eine doppelte Rahmung – und die Wiedergutmachung des fehlenden Konterfeis der Trägerin –, sinnbildlich eine ehrwürdige Einbettung in den sehr persönlichen und doch so offenen Platz auf dem Brustbein. Der Platz nahe dem Herzen, dem traditionell das Bild Jesu, Marias oder in jüngerer Zeit des oder der Liebsten vorbehalten ist. In der gleichen Tradition steht die Einfassung dieser Bildnisse in ein besonderes Schmuckstück, das Amulett. Sabine Dehnel füllt diesen Ort mit Schwarz-Weiß-Porträts weiblicher Ikonen. Diven,

DÉCOLLETÉ INSTEAD OF POSTER WALL

CONSTANZE MUSTERER

A sensual encounter through and through: this is what Sabine Dehnel's photographs of oversized décolletés in different cuts represent. The picture details we see have been reduced to the insignia of femaleness—a classic subject with connotations of the "male view." Deprived of their heads and showing a trace of self-confident, natural, and also provoking eroticism, the female décolleté, embedded in different clothing fashions, acts as background for an amulet with a black and white photograph of a woman. An explicit, almost passionate color style on the exposed skin emphasizes the body's shape, while covering its true surface. Protection against other people's views, or a subtle invitation to take a closer look? In their photographic depth of focus, the clothes' materials substantiate a conceptual image structure, while being diametrically opposed to the painted skin. Following the above invitation, we quickly recognize that the clothes have been especially designed and made for the woman wearing them, thus developing an almost personal relationship. These confusing photographs avoid any type of voyeurism. In her staged images, Sabine Dehnel captures the interplay between homage to the painting, which took place directly on the model's body, and photography, which, on the other hand, recites itself in the black and white portraits. They confront us by questioning again and again the credibility of the medium and image.

Our eyes are caught by the portrait embedded in the amulet between the breasts. As regards the structure of the image, this ensemble constitutes a double framing—virtually a compensation for the women's missing counterfeits—allegorically a venerable embedding into the very personal, though naked and openly exposed, breastbone: the place near the heart, which, by tradition, is reserved for an image of Jesus, Mary, or, more recently, the beloved partner. Following the same tradition, these images have been framed and integrated in a special piece of jewelry: an amulet. Sabine Dehnel fills this place with black and white portraits of female icons. Divas, heroines, idols get the status of icons, i.e. those famous women that have that certain mysterious and indescribable

Heldinnen, Idole erhalten Ikonenstatus, also jene berühmte Frauen, die mehr als das gewisse, das so mysteriöse, unbeschreibliche »Etwas« haben und die, zumindest bis in die frühen 1990er-Jahre, von einer oft tragischen realen Lebensgeschichte begleitet wurden. Für dieses diffus bleibende Phänomen, das diese Frauen auszeichnet, referiert Sabine Dehnel bereits im Titel ihrer Serie auf eines der ältesten Beispiele der Kunstgeschichte: Mit *Mona* verweist sie auf Leonardo da Vincis bekanntes Gemälde *Mona Lisa* und damit subtil auf das Mysterium einer durch die Historie hindurch bescheinigten, aber doch unerklärlichen Aura einer Frau.

Sabine Dehnel erstellt ihre persönliche Ahnengalerie der Ikonen auf den Dekolletés von Frauen – eine neue Geschichtsschreibung an ungewöhnlichem Ort. Neben »Klassikern« wie Marilyn Monroe, Romy Schneider oder Maria Callas zeigt sie »Randikonen« wie Frida Kahlo, Simone de Beauvoir oder Susan Sontag. Die Definition des Begriffs Ikone wird offenkundig schon in der Auswahl der Künstlerin zur Diskussion gestellt, deren geistiger wie gesellschaftlicher Wandel durch die Historie in den gegenwärtigen Ikonen kulminiert. Ein eindringliches Beispiel ist der sich selbst stets neu definierende Popstar Madonna – ist sie »die« Ikone oder gar viele Ikonen in einer? Madonna dreht die Machtverhältnisse, die den Ikonenstatus seit jeher begleiten, um: Anstatt sich eine Identität von außen auferlegen zu lassen, konstruiert sie eigene, neue Bilder ihres Seins – sie kreiert sich selbst zu immer neuen, anderen Ikonen und macht sich dafür die Macht der Bilder und der Medien zunutze.

Es gehört zum Charakter der Ikone – hier greifen die Sprachwurzeln heute mehr denn je –, allein durch die Bilder ihren Status und ihre Wirkungsmacht behalten zu können. Die von außen, oft mithilfe der Medien konstruierte Identität geht mit der Selbstpräsentation der Personen, den späteren Ikonen, in den Bildern einher. Beides verschmilzt zu einer untrennbaren Einheit und erfährt in der Folge ein hochstilisiertes Weiterleben durch das Bild. Sabine Dehnel geht es wie Madonna um diese Wirkungsmacht der Bilder, doch analysiert sie unter dem verführerischen

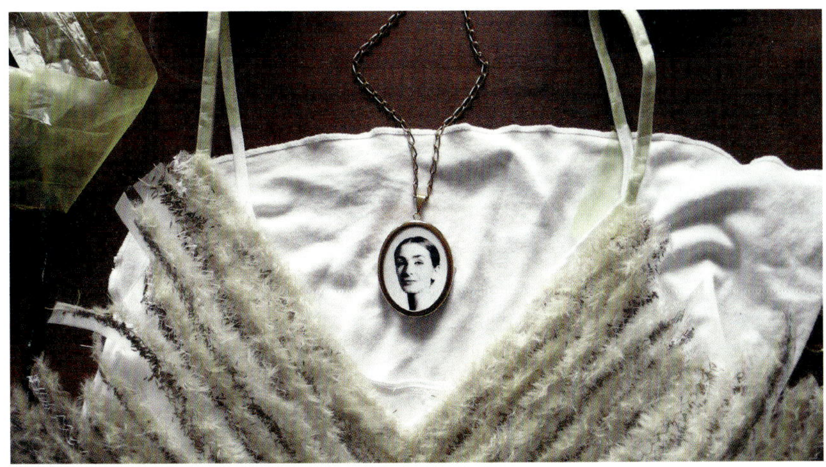

Kleidung für *Mona VIII (Pina Bausch)*: Pusteblumen, Unterhemd, Tesafilm /
Clothing for *Mona VIII (Pina Bausch)*: dandelion seed heads, tank top, tape

"something," which was, at least until the early nineteen-nineties, accompanied by an often tragic personal biography. In order to support this diffuse phenomenon so typical for these women, Sabine Dehnel, already in the title of her series, refers to one of the oldest examples in the history of art: Mona—after Leonardo da Vinci's *Mona Lisa*—makes reference to the mystery of an aura confirmed by history but yet inexplicable.

What Sabine Dehnel does is create her personal gallery of icons on the décolletés of women—a new way of historiography on an unusual location. Next to "classics" like Marilyn Monroe, Romy Schneider, or Maria Callas, she also shows "marginal icons," such as Frida Kahlo, Simone de Beauvoir, or Susan Sontag. The definition of the term "icon" is obviously already put forward for discussion in the artist's personal selection, whose intellectual as well as social development throughout history culminates in today's icons. A powerful example of this is Madonna, the pop star who is continuously reinventing herself. Is she the one and only icon or many icons in one? Madonna knows how to change the balance of power that has always supported the status of being an icon: instead of accepting a constructed identity imposed by others, she herself revamps images of her being, thus using the power of the image and of media to continuously turn herself into a new, different icon.

It is one of the icon's characteristics—and here is where the linguistic roots are stronger than ever before—to be able to keep its status and influence through the power of the image alone. The identity constructed from outside with the support of the media goes hand in hand with the self-presentation of the people—the more recent icons—in the images. Both

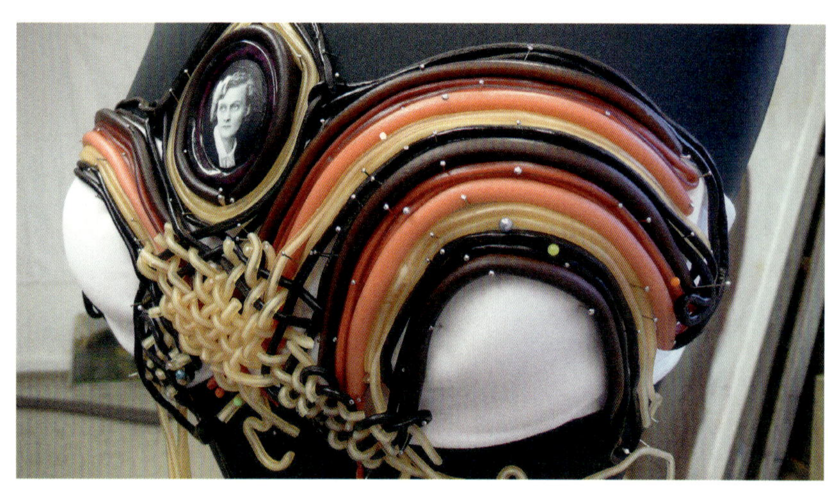

Kleidung für *Mona X* (*Astrid Lindgren*): BH, Lakritz, Gummistangen, diverse Süßigkeiten / Clothing for *Mona X* (*Astrid Lindgren*): bra, licorice, rubber rods, various candies

»Outfit« verschiedene Diskurse, die sich mit der Nachhaltigkeit »gehypter« Bilder ergeben. Was ist die Authentizität von Bildern und gesehener Wirklichkeit, was die Bilderinnerung und die eigene Erinnerung?

Die Leben und Attitüden der Ikonen sind von Sabine Dehnel wohlrecherchiert. Offenkundig wird nun die Relation von der Kleidung der Trägerinnen zu den Schwarz-Weiß-Porträts der Gedachten. Sabine Dehnel schleust uns durch die Geschichte und erweitert den Denk- und Assoziationsraum in die gesellschaftliche Zeit der jeweiligen Ikone. Zum Amulett mit dem Porträt der intellektuellen, einst im bourgeoisen Paris lebenden Simone de Beauvoir trägt das Modell ein Häkeloberteil. Die Bilder feiner Tischtücher auf dunklen Holzmöbeln und den damals üblichen Aussteuern für junge Frauen werden wach. Simone de Beauvoir widersetzte sich früh den gesellschaftlich auferlegten Konventionen. Das Oberteil ist entsprechend nur auf den ersten Blick bürgerlich-züchtig und scheint mit dem löchrigen Patchwork auf die leidenschaftliche wie leidvolle Beziehung zu Jean-Paul Sartre zu verweisen.

Das Amulett mit Romy Schneider wird erfrischenderweise keinem Sissi-Kostüm zugeordnet. Ein durchscheinendes, blaues Kunststoffoberteil mit tiefem V-Ausschnitt und Häkelrand referiert auf ihr Leben und ihre Karriere danach. Mit dieser ungewöhnlichen Materialmischung sind die Widersprüche dieser Zeit bestens eingefangen: Die propagierte sexuelle Freizügigkeit der 1960er- und 1970er-Jahre, die ein neues Rollenverständnis der Frauen formulierte, wird von den noch vorherrschenden Konventionen und Spießigkeiten aus der Nachkriegszeit »umhäkelt«. Romy Schneider

melt together to produce an inseparable unity and, subsequently, live on through the over-inflated significance of the image. Just like Madonna, Sabine Dehnel focuses on this influence of the image, although, under this seductive "outfit," she analyzes various discourses that result from the sustainability of hyped images. What is the authenticity of image and seen reality? What is image memory and what is personal memory?

The icons' lives and attitudes have all been well analyzed by Sabine Dehnel. Now the relationship between the women's clothing and the black-and-white portraits of the assumed characters becomes obvious. Sabine Dehnel guides us through history and expands the associative space into the age of the specific icon. The amulet with the portrait of Simone de Beauvoir, the intellectual living in bourgeois Paris, is combined with a crochet top. Memories of fine tablecloths spread on dark wooden furniture and the then usual dowry for young women come up. Already at an early stage, Simone de Beauvoir resisted the conventions imposed by society. Accordingly, the top has been designed in a style that meets civic-prudish standards only at a first glance and, through the holey patchwork, seems to refer to her passionate as well as painful relationship with Jean-Paul Sartre.

Refreshingly, the amulet with Romy Schneider has not been combined with a Sissi costume. Instead, a transparent blue plastic top with a deep-cut V-neck and crochet hem refers to her later life and career. This unusual material mix optimally captures the contradictions of that time: the propagated sexual freedom of the nineteen-sixties and seventies, which also formulated a new understanding of women's roles, is crocheted by the still prevailing conventions and smugness characterizing the postwar period. As an actress, Romy Schneider gave everything and, as a woman, belonged to the new generation. Nevertheless, her life was dominated by the tragedy and passion of a "classic" icon; she ultimately destroyed herself. The transparency of the futuristic as well as

gab als Schauspielerin alles und gehörte einer neuen Frauengeneration an, und doch war ihr Leben von der Tragik und Leidenschaft einer »klassischen« Ikone bestimmt, die sich in letzter Konsequenz selbst zerstört. Die Transparenz der futuristisch wirkenden wie gleichermaßen fragilen, knittrigen Plastikfolie erscheint wie ihr hinterlassener Kokon.

Verschlossen und sich offensichtlich auf eine andere Zeit beziehend ist das Dekolleté mit dem Bildnis von Frida Kahlo. Aus dem bestickten Oberteil aus schwerem Stoff mit Rundausschnitt ragen kämpferisch und auf Distanz haltend Stecknadeln heraus – traditionelles Kunsthandwerk, Innovation und Schutz sind hier vereint und spiegeln den künstlerischen Ansatz wie auch den eigenwilligen Charakter von Frida Kahlo. Erst mit der malerischen Aufarbeitung ihrer körperlichen Leiden und ihrer Liebes-Leid-Beziehung zu Diego Rivera erlangte sie als Künstlerin großen Ruhm. Dies ist bezeichnend für den Werdegang zur Ikone: Die öffentliche Teilhabe am Leid, die wie die »Anbetung« nur in Distanz erfolgt, kreiert den festen Bann der wechselseitigen Beziehung Publikum – Bild – Ikone.

Sabine Dehnel inszeniert mit Augenzwinkern eine sinnliche wie intelligente Sujetkombination zum Erforschen des individuellen und kollektiven Bildgedächtnisses und ebnet mit ihrer Ahnengalerie *Mona* einer souveränen, selbstbewussten Weiblichkeit den Weg in das 21. Jahrhundert.

Bei alldem ist noch die Frage nach den Trägerinnen der Amulette offen. Wer sind die Porträtierten – ein gesichtsloses Dekolleté oder ein zitiertes Foto? Die Historie der Porträtmalerei und -fotografie, die immer auch eine der Inszenierung ist, wird hier ganz nebenbei hinterfragt. Die Details und Verweise, mit denen Sabine Dehnel die Dekolletés bewusst inszeniert, evozieren einen bestimmten Frauentyp beim Betrachter. Auch wenn die Neugier auf das Gesicht unerfüllt bleibt, spinnen wir den durch die Künstlerin initiierten Diskurs weiter, denken mit den eigenen Bildern ihre Fotografien zu Ende. Die Erinnerungen scheinen real, doch sind es nicht nur Bilderinnerungen, die in das Bewusstsein drängen? Die Trennung zwischen kollektivem und individuellem Bildgedächtnis will kaum gelingen.

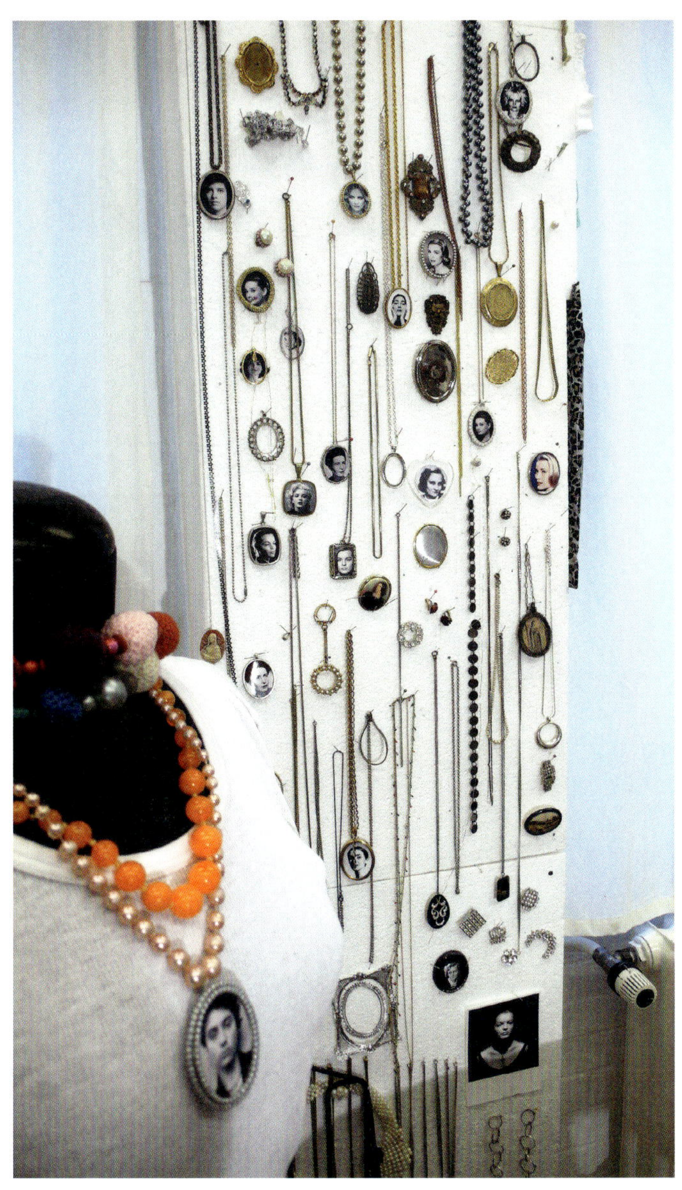

Atelier, 2013: diverse Requisiten und Schmuckstücke /
Studio, 2013: various props and pieces of jewelry

equally fragile and creased plastic foil seems to be the cocoon that she left to posterity.

The décolleté with the picture of Frida Kahlo is covered and obviously refers to a different time. What we see coming out of the top made of strong fabric with a round neck are pins, which pugnaciously warn us to keep at a distance—a combination of traditional handicraft, innovation, and protection that reflects Frida Kahlo's artistic approach as well as her willful character. It was first due to the painterly review of her physical suffering and her love / pain relationship with Diego Rivera that Frida Kahlo won great fame as an artist. This is typical for her development into an icon: the public participation in the suffering, which, like "adoration," takes place from a distance only, creates the firm spell of the reciprocal relationship: audience—image—icon.

With a wink, Sabine Dehnel stages a sensual as well as intelligent combination of the subject for analyzing the individual and collective image memory. At the same time, with her Mona portrait gallery, she paves the way into the twenty-first century for a sovereign and self-confident femaleness. Nevertheless, what remains open is the question as regards the wearer of the amulets. Who is the portrayed woman, a faceless décolleté or a quoted photograph? Here, the history of portrait painting and photography, which is always also a history of staging, is questioned quite incidentally. The details and references with which Sabine Dehnel deliberately stages the décolletés evoke a certain type of woman to each of us. Even if the curiosity to see the faces remains

Den Trägerinnen der Amulette ist in der Serie *Mona* raffiniert eine Doppel-rolle auferlegt: Zum einen ergänzen und erläutern sie subtil die Porträts, zum anderen zeugen sie von dem, was wahre »Fans« tun und was das eigentlich intendierte Ziel der Bilder und Medien bei der »Kreation« einer Ikone ist: die Identifizierung. Abbild und Mimesis, Fiktion und Identifika-tion treten in eine perforierende Beziehung und bedingen sich gegensei-tig. Anstelle der Einverleibung erfolgt in den Arbeiten von Sabine Dehnel die Auferlegung mit dem Bild als Stellvertreter und Identifikationsstifter. So gesehen hat das fehlende Gesicht der Trägerin eine logische Konse-quenz – es ist unbedeutend.

unsatisfied, we pick up the discourse initiated by the artist's images and, using our own images, think the images through to the end. The memories seem to be real but is it not more than an image memory that penetrates our consciousness? The separation between collective and individual image memory can hardly be accomplished.

In *Mona*, the wearers of the amulets have been sophisticatedly given a double role: on the one hand they subtly complement and explain the portraits, on the other hand they tell of what real "fans" do and what, within the scope of "creating" an icon, the actually intended objective of images and media finally is: identification. Copy and mimesis, fiction and identification enter into a perforating relationship and are mutually dependent. What we experience in Sabine Dehnel's works instead of incorporation is the imposition of the image as a representative and source of identification. In this way, the missing face of the wearer is a logical consequence— it is not important.

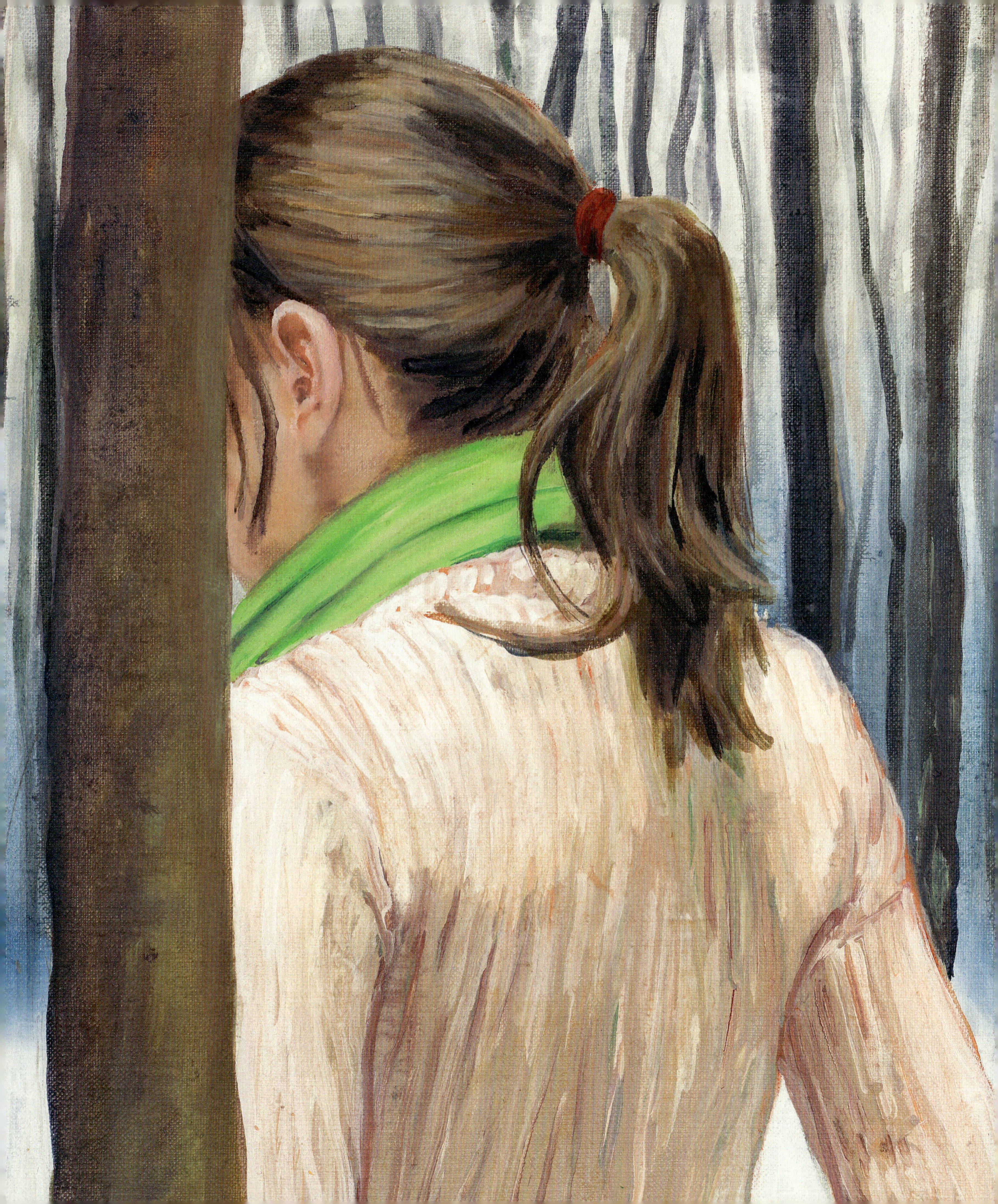

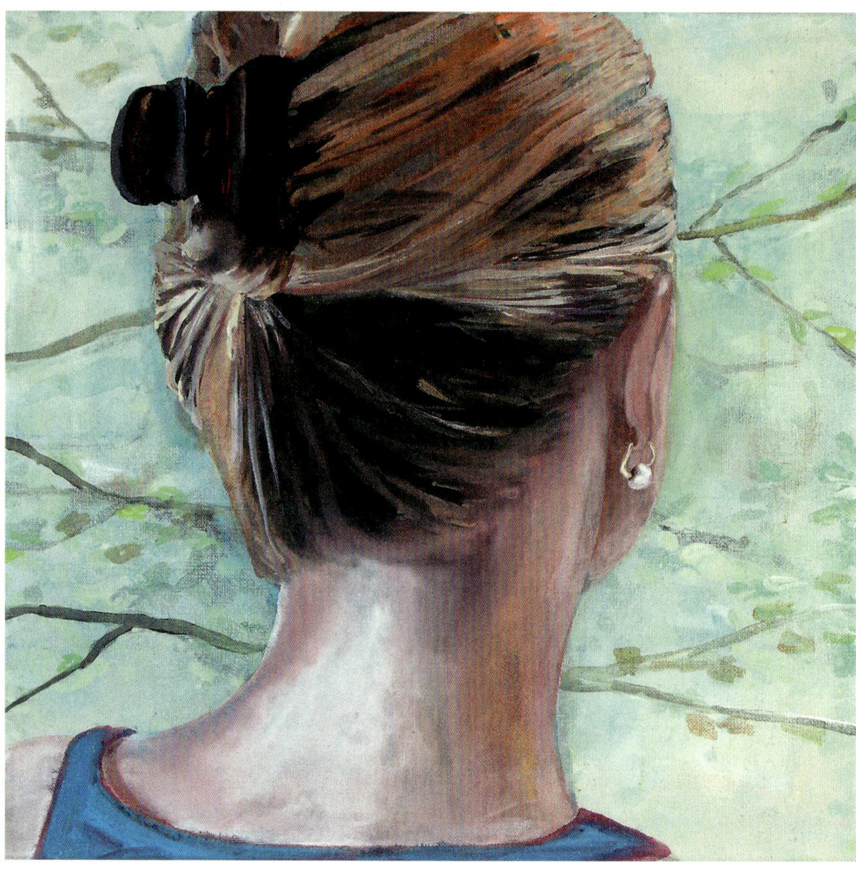

"SABINE DEHNEL INITIATES AN ASSOCIATIVE REFERENCE
TO REALITY AND CREATES TENSION BETWEEN THAT WHICH IS REAL
AND THAT WHICH IS SURREAL,
AS HER PORTRAITS AVOID FASHIONABLE CODES,
AND, IN DOING SO, GO BEYOND TODAY'S LIMITS OF ADORNMENT."

»SABINE DEHNEL INTIIERT EINE ASSOZIATIVE ANLEHNUNG
AN DIE WIRKLICHKEIT UND ERZEUGT EINE SPANNUNG
ZWISCHEN REAL UND SURREAL,
DENN DIE PORTRÄTS UNTERLAUFEN MODISCHE CODES
UND GEHEN DOCH ÜBER DIE HEUTIGE FREIHEIT DES SICH SCHMÜCKENS HINAUS.«
CONSTANZE MUSTERER

Luise, 2007

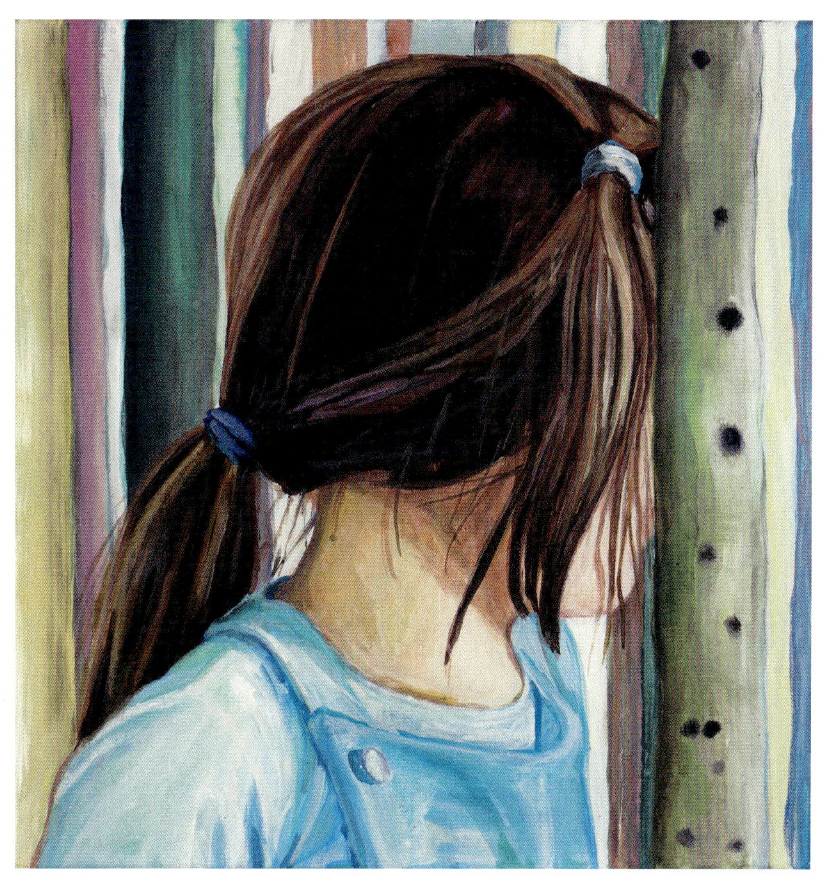

Lone, 2007

55

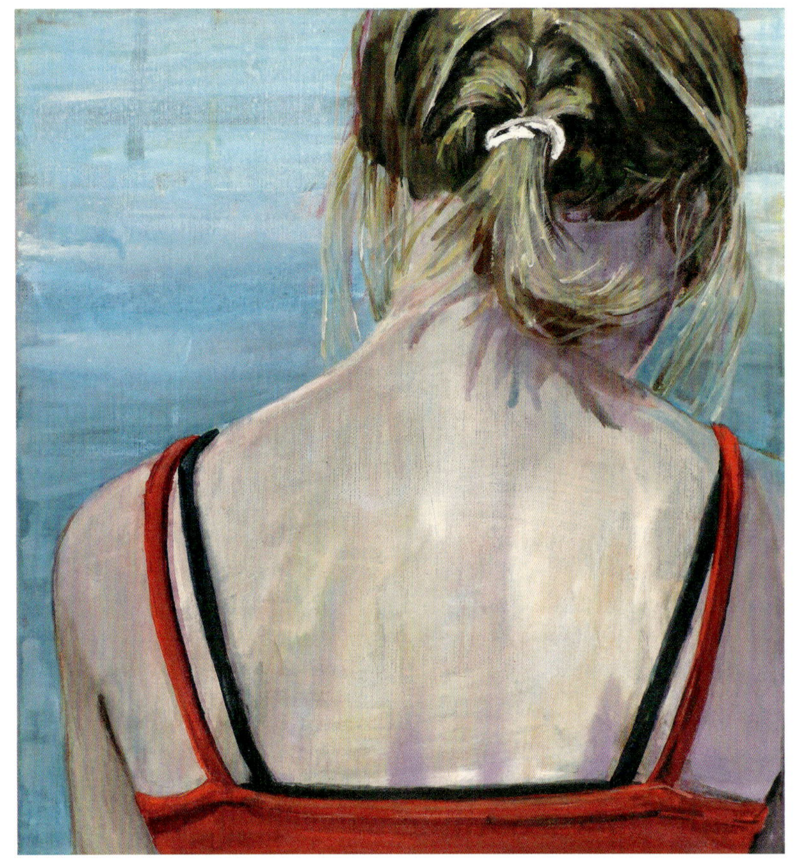

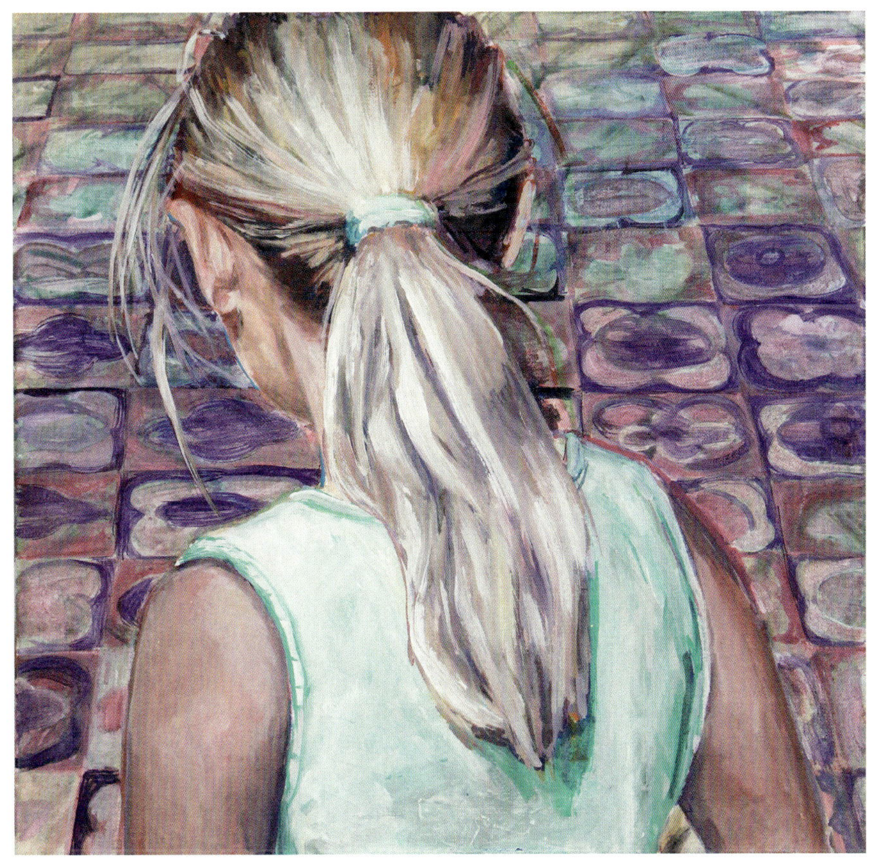

Liv, 2011

"LIKE DISTORTING MIRRORS, HER CAPTIVATING
»WIE VEXIERSPIEGEL LASSEN IHRE BEZAUBERND KÜHLEN,
YET UNEMOTIONAL PORTRAITS OF WOMEN MANAGE TO BLUR
MEHR VERBERGENDEN ALS ZEIGENDEN FRAUENBILDNISSE
THE BORDERS OF PERCEPTION, CONCEALING MORE THAN THEY ACTUALLY SHOW."
DIE WAHRNEHMUNGSGRENZEN VERSCHWIMMEN.«
SUSANNE PRINZ

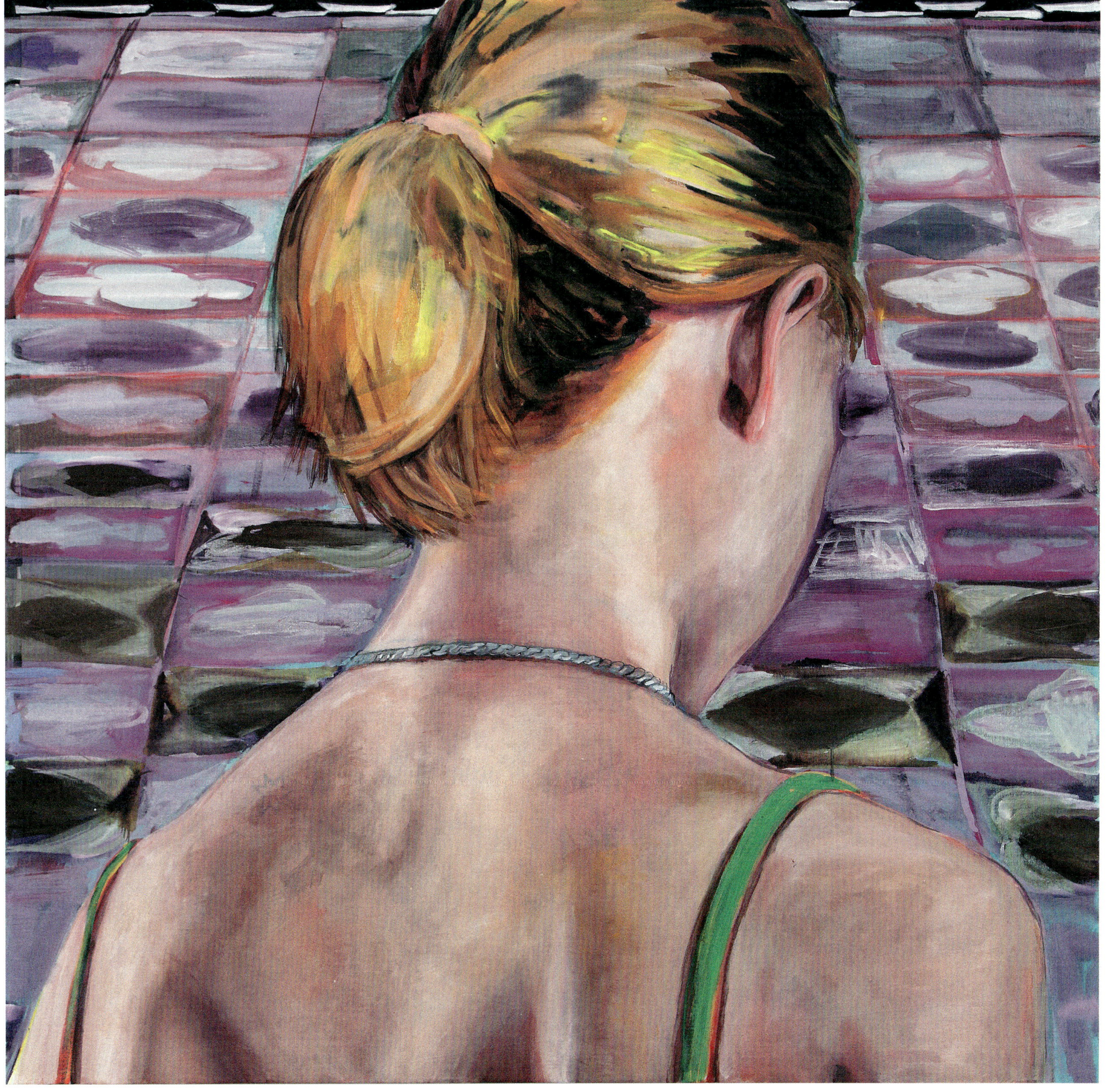

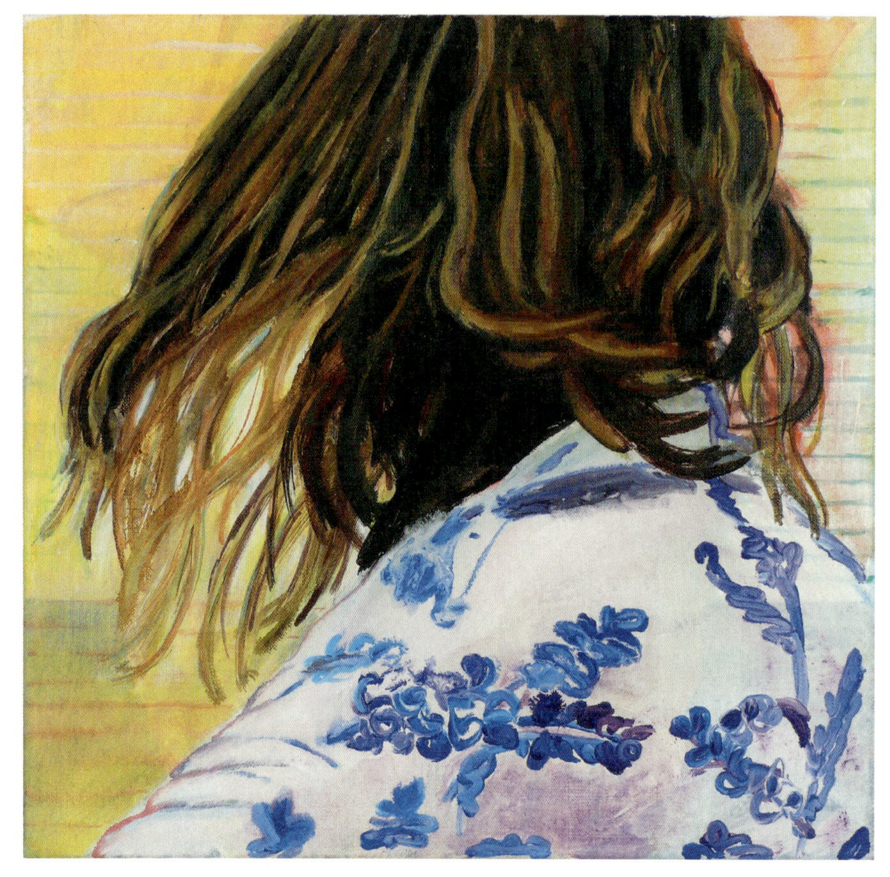

Maja, 2008

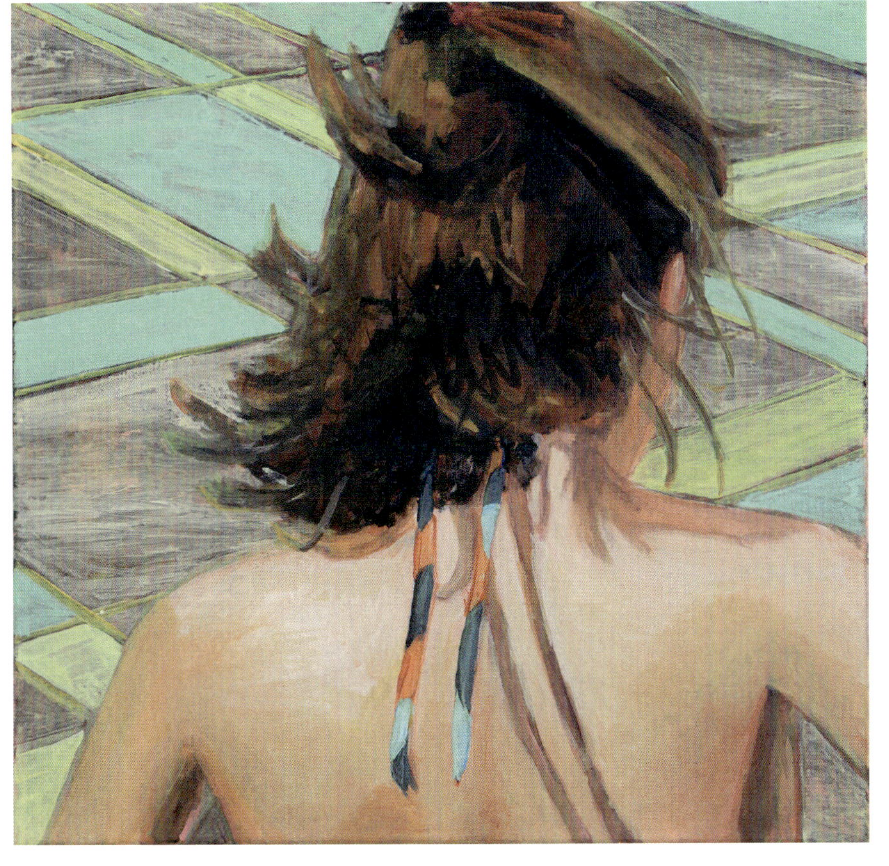

Emily, 2010

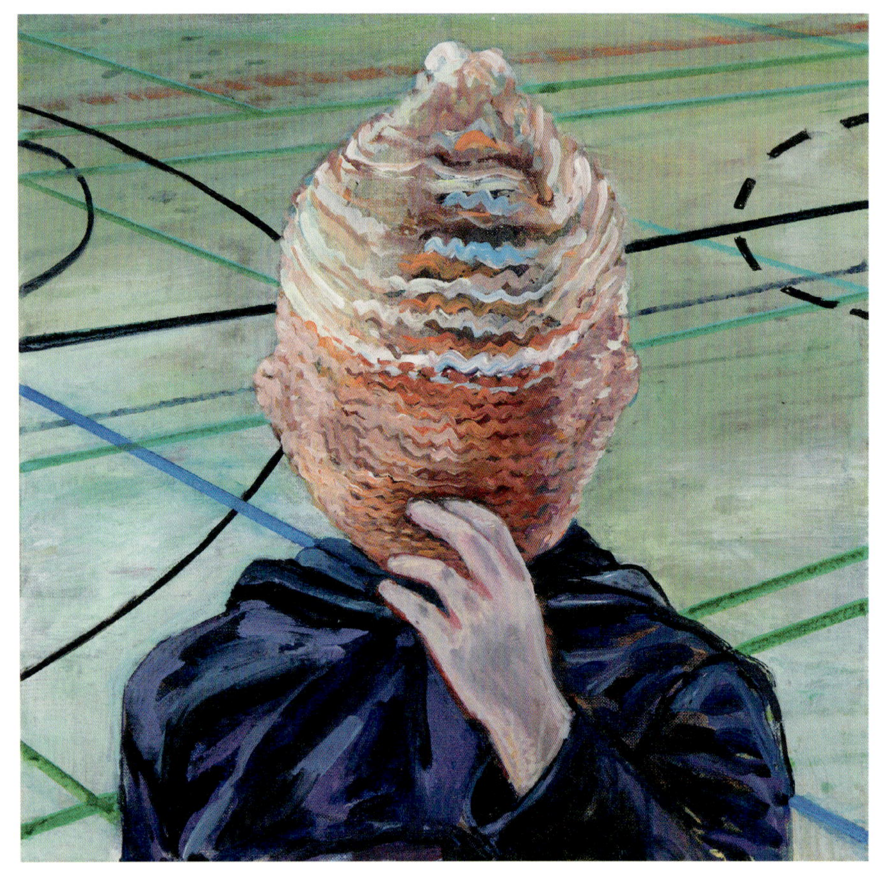

Ben, 2010

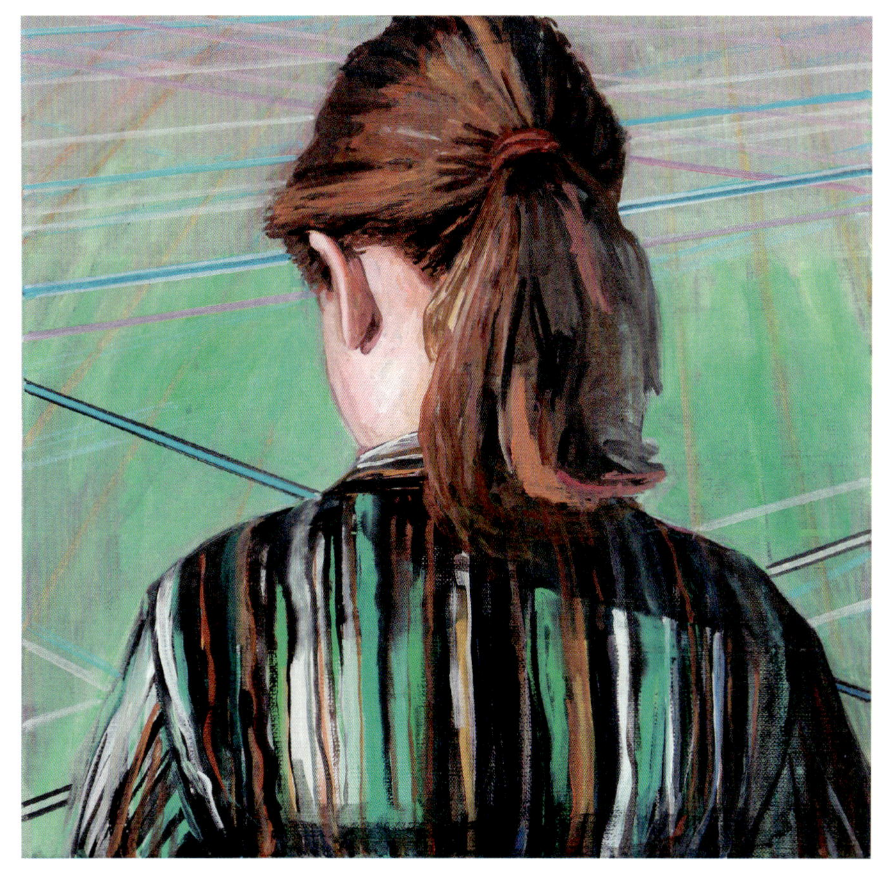

»DIESE TEXTILIEN SIND MEHR ALS KOSTÜME,
"THESE TEXTILES ARE MORE THAN COSTUMES;
SIE KÖNNEN ALS INDIZIEN HERHALTEN.
THEY CAN BE SEEN AS INDICATORS.
MIT IHNEN WIRD ES SCHEINBAR MÖGLICH, DAS GEMALTE AUS DER FLÄCHE
THIS FABRIC LEAVES IT POSSIBLE TO PULL THE PAINTING OFF THE SURFACE INTO REALITY,
IN DIE WIRKLICHKEIT ZU HOLEN,
AS IT WERE, TO TURN IT BACK ONTO ITSELF."
GEWISSERMASSEN ES SICH ANZUVERWANDELN.«
SIGRUN HELLMICH

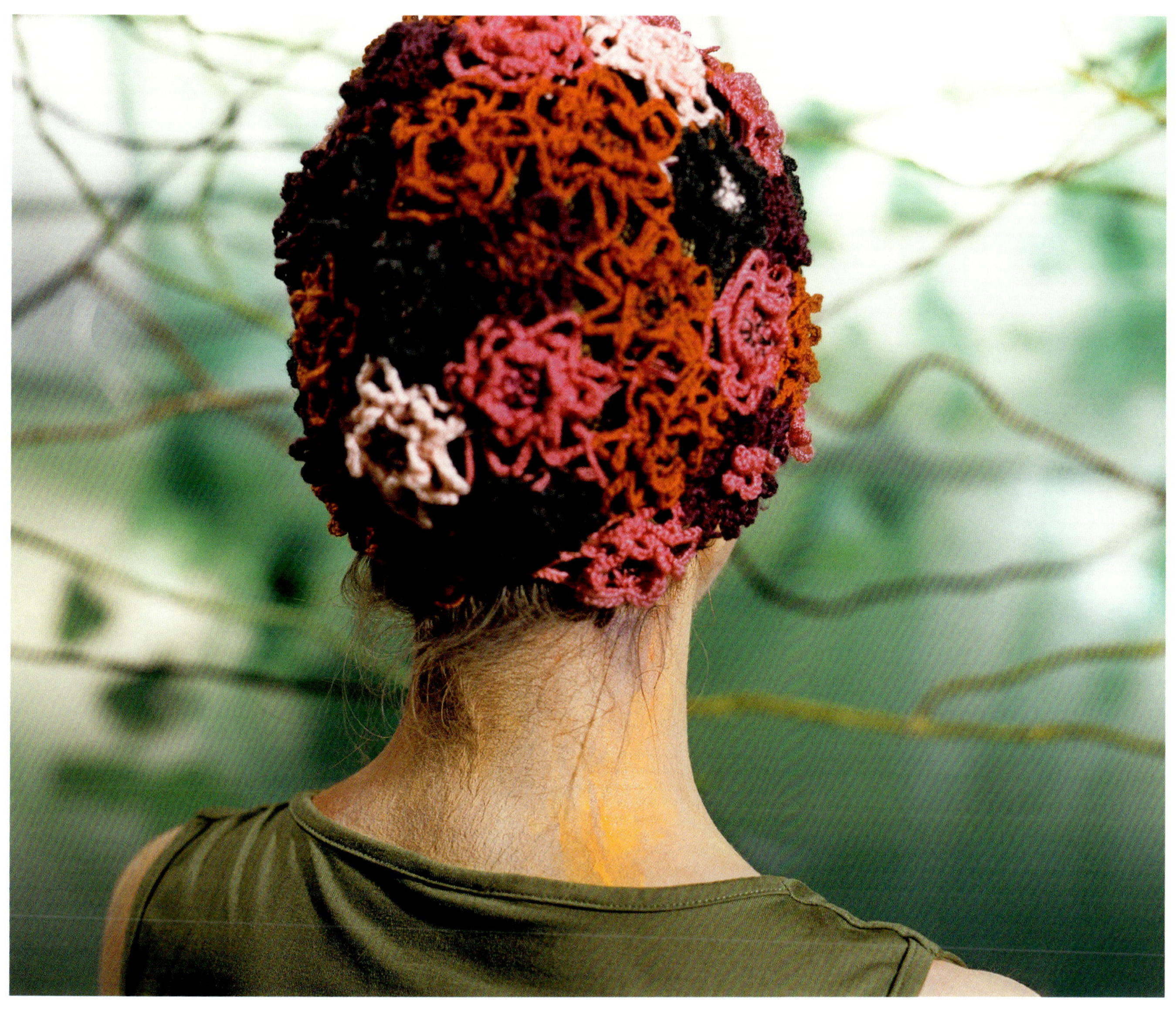

Portrait IV, 2008

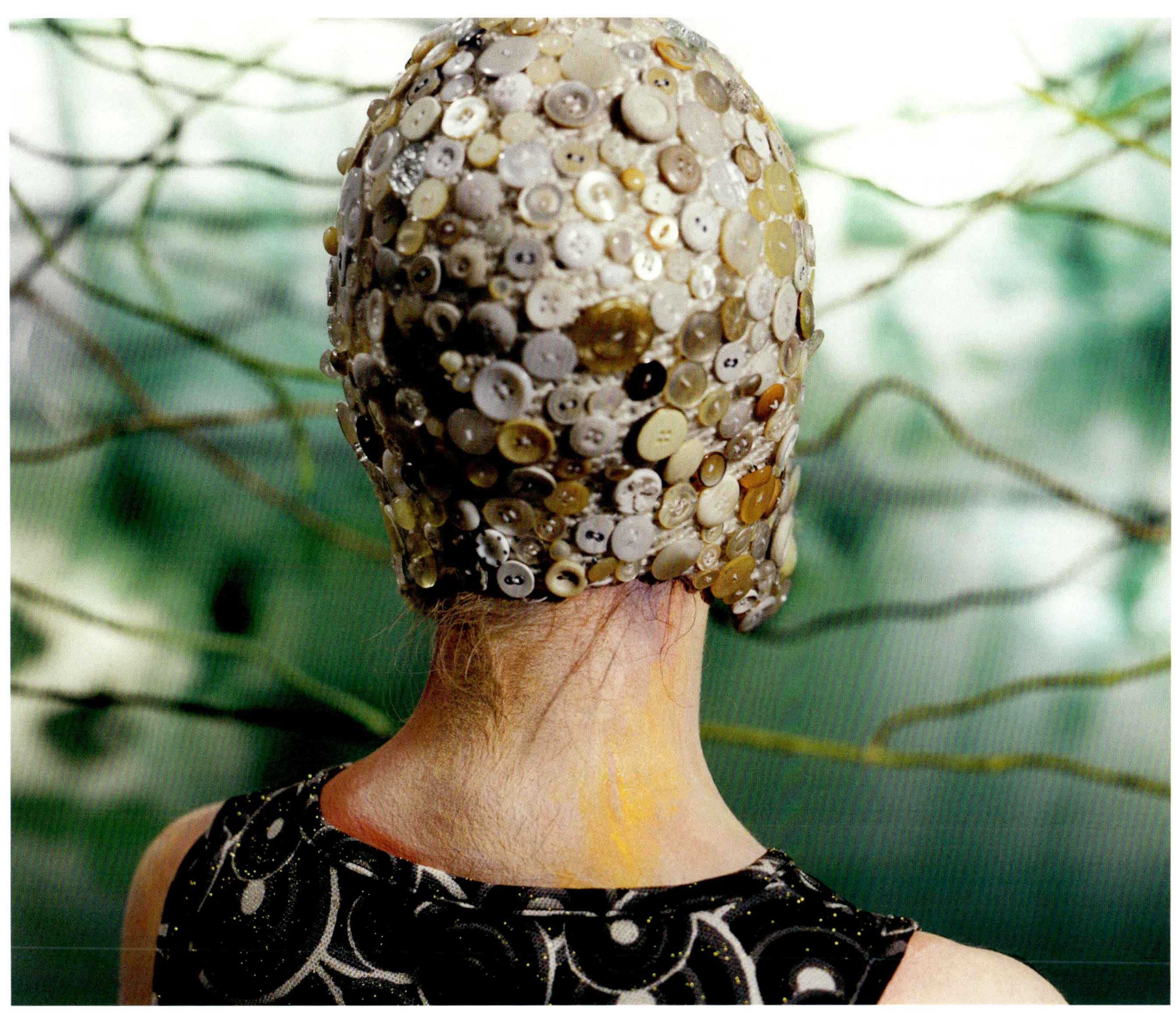

Portrait IX, 2008

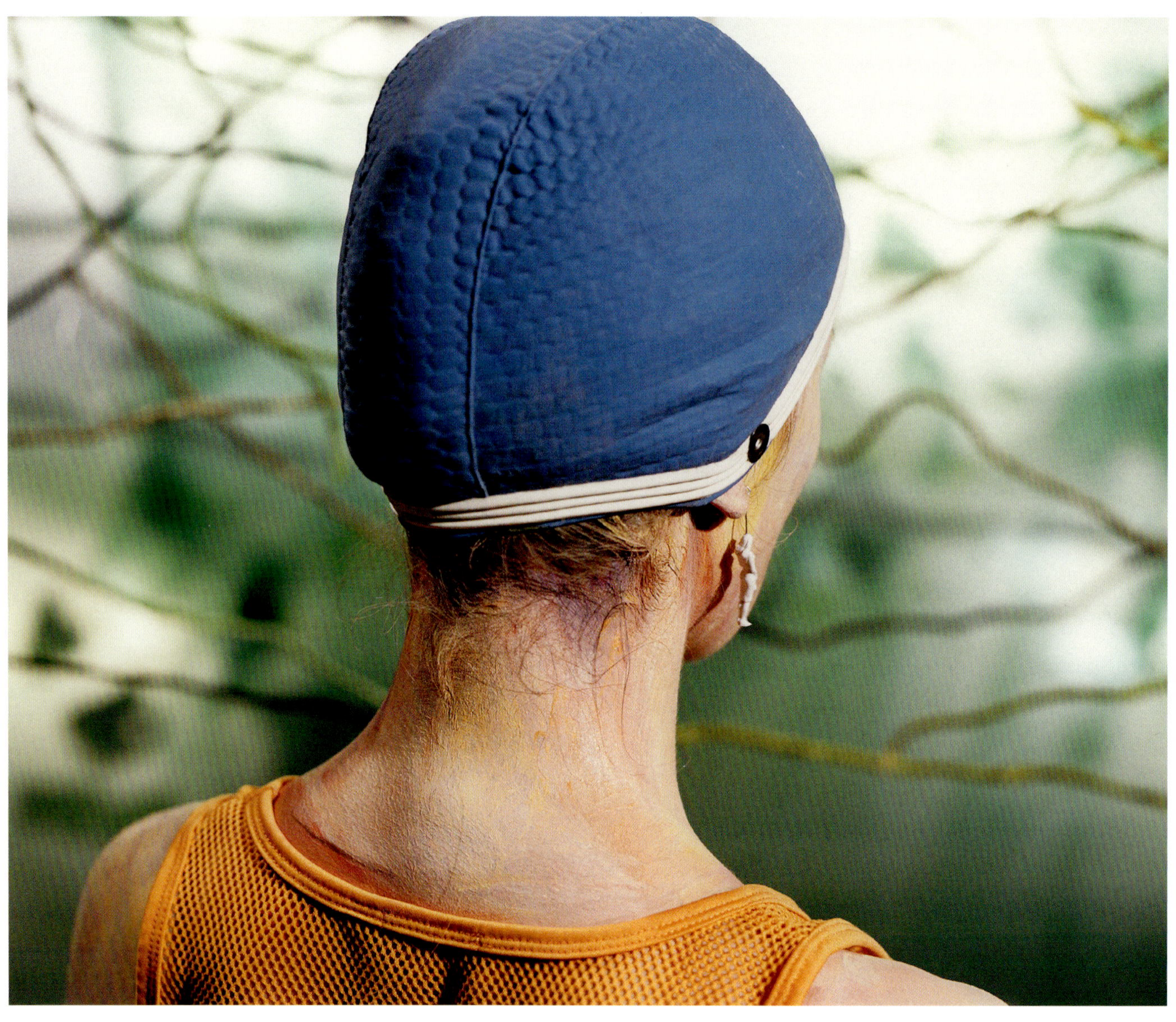

Portrait III, 2008   68

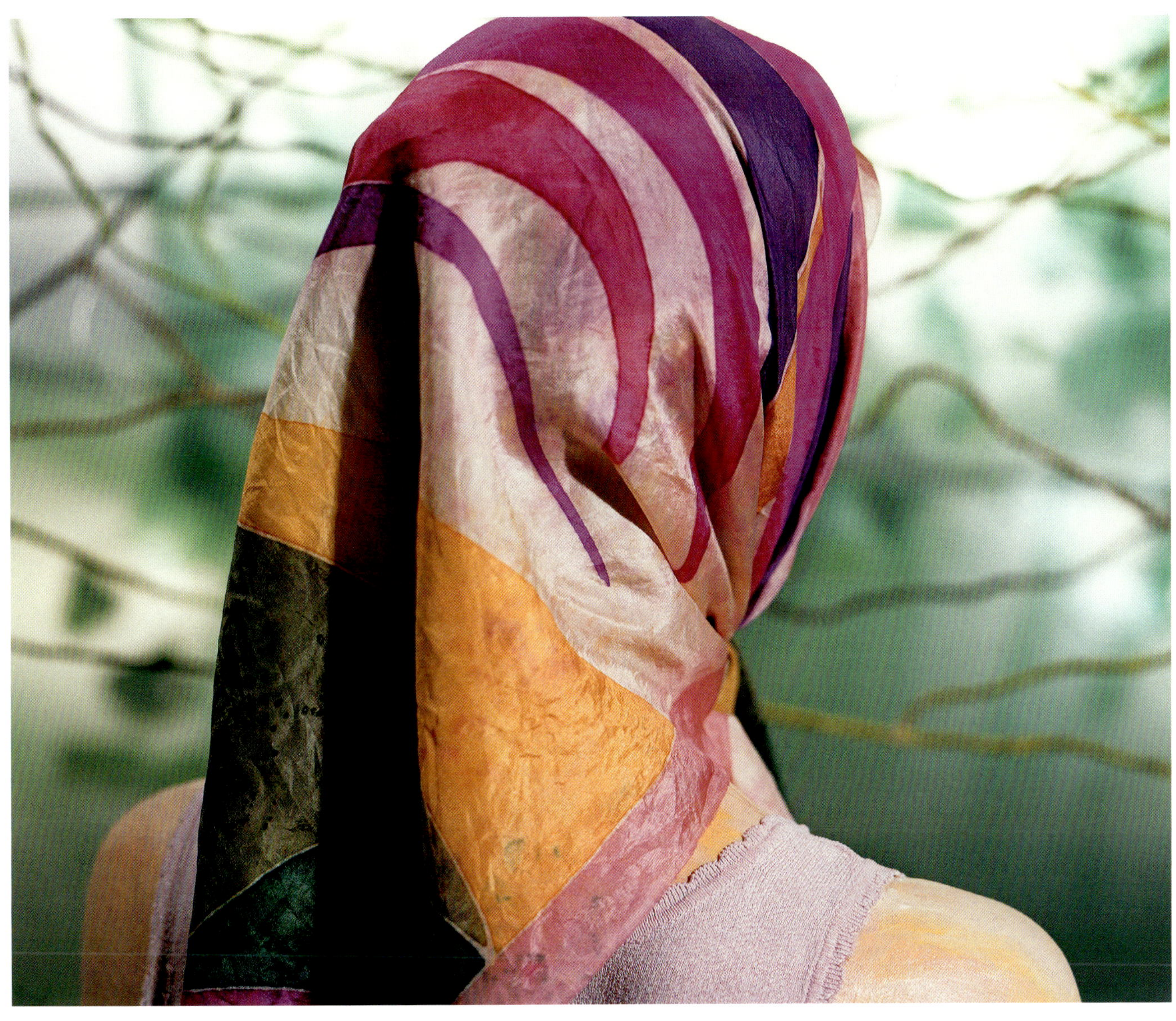

Portrait X, 2008

69

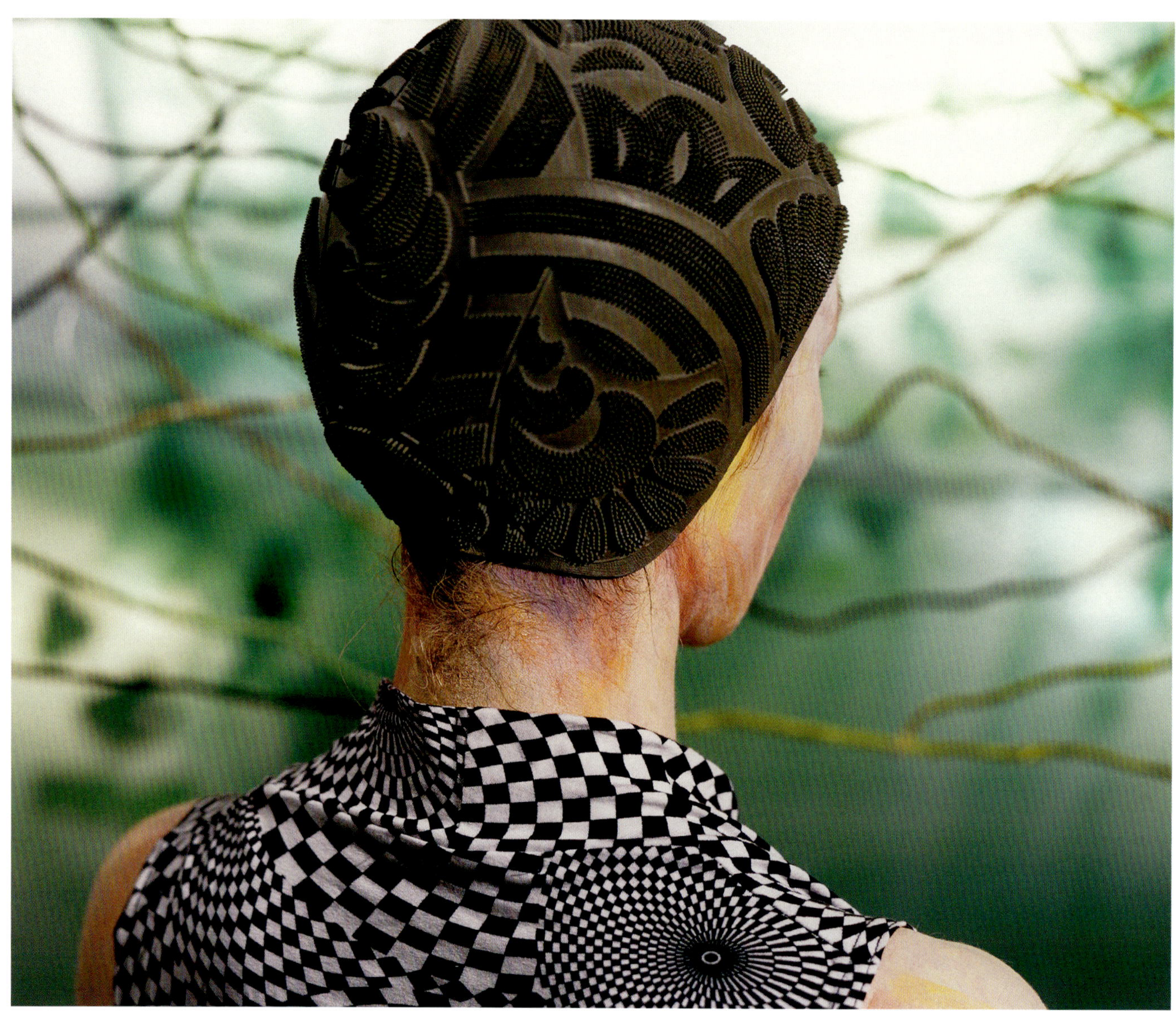

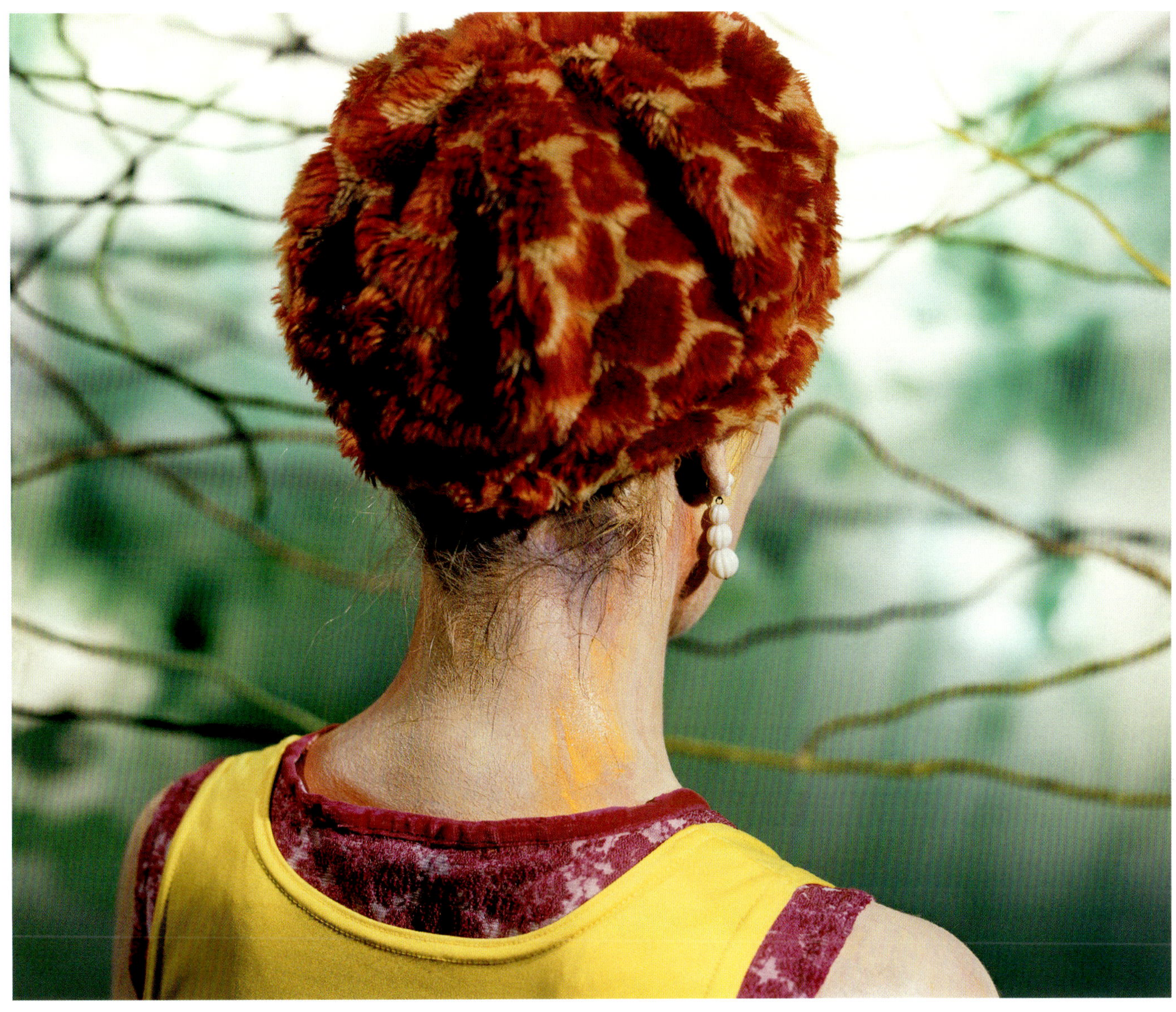

Portrait VII, 2008

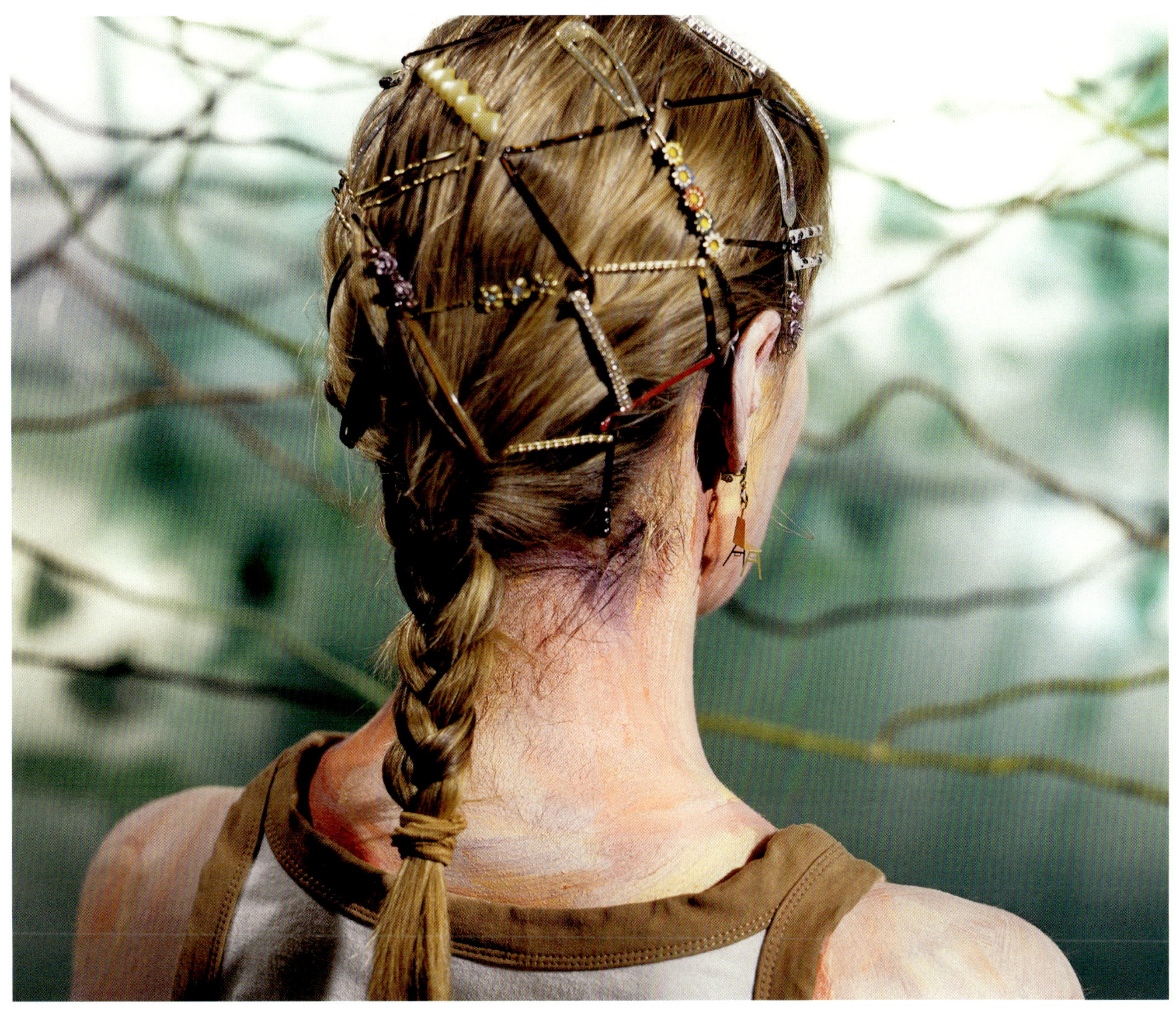

Portrait VI, 2008   73

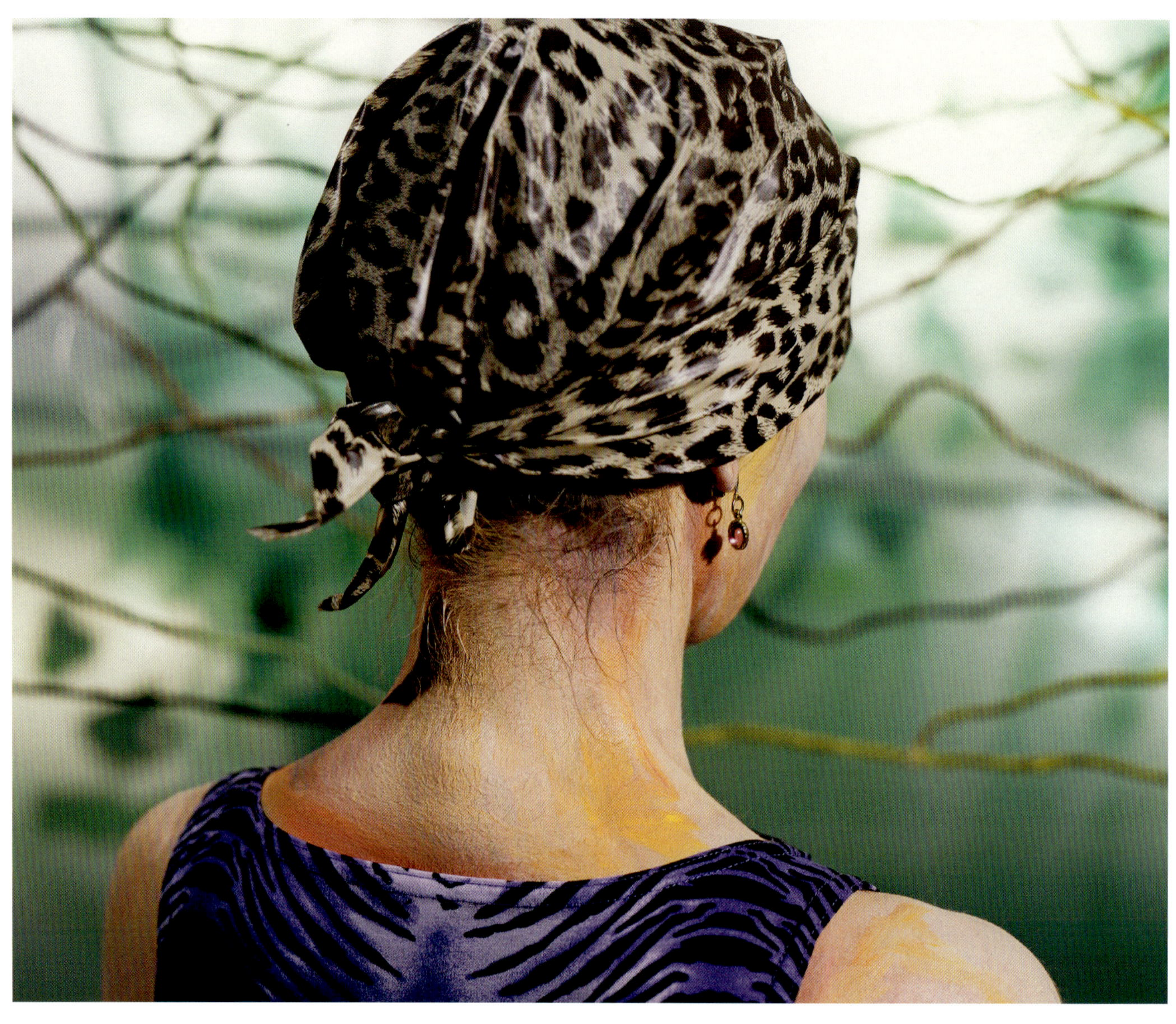

Portrait XI, 2008   74

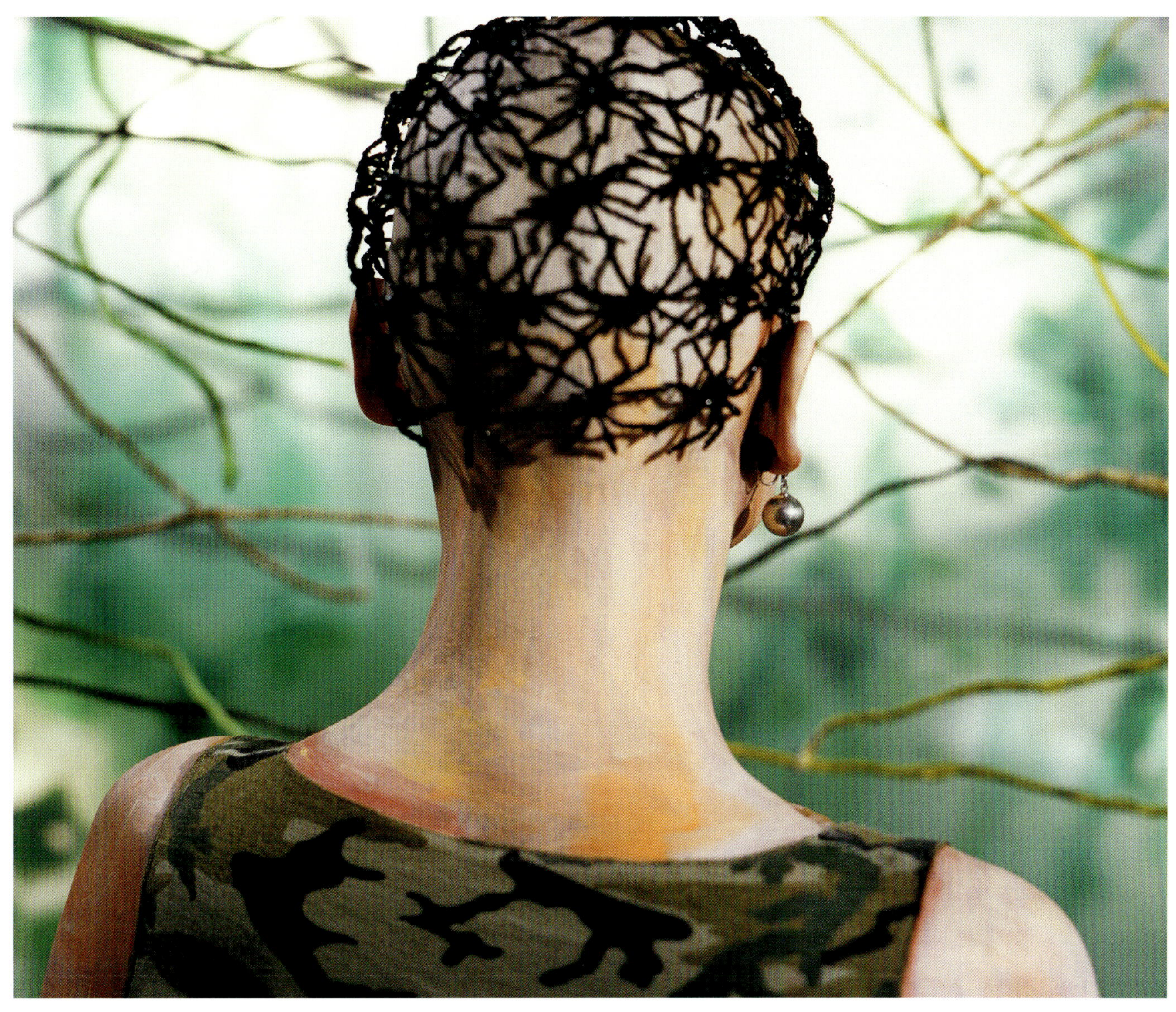

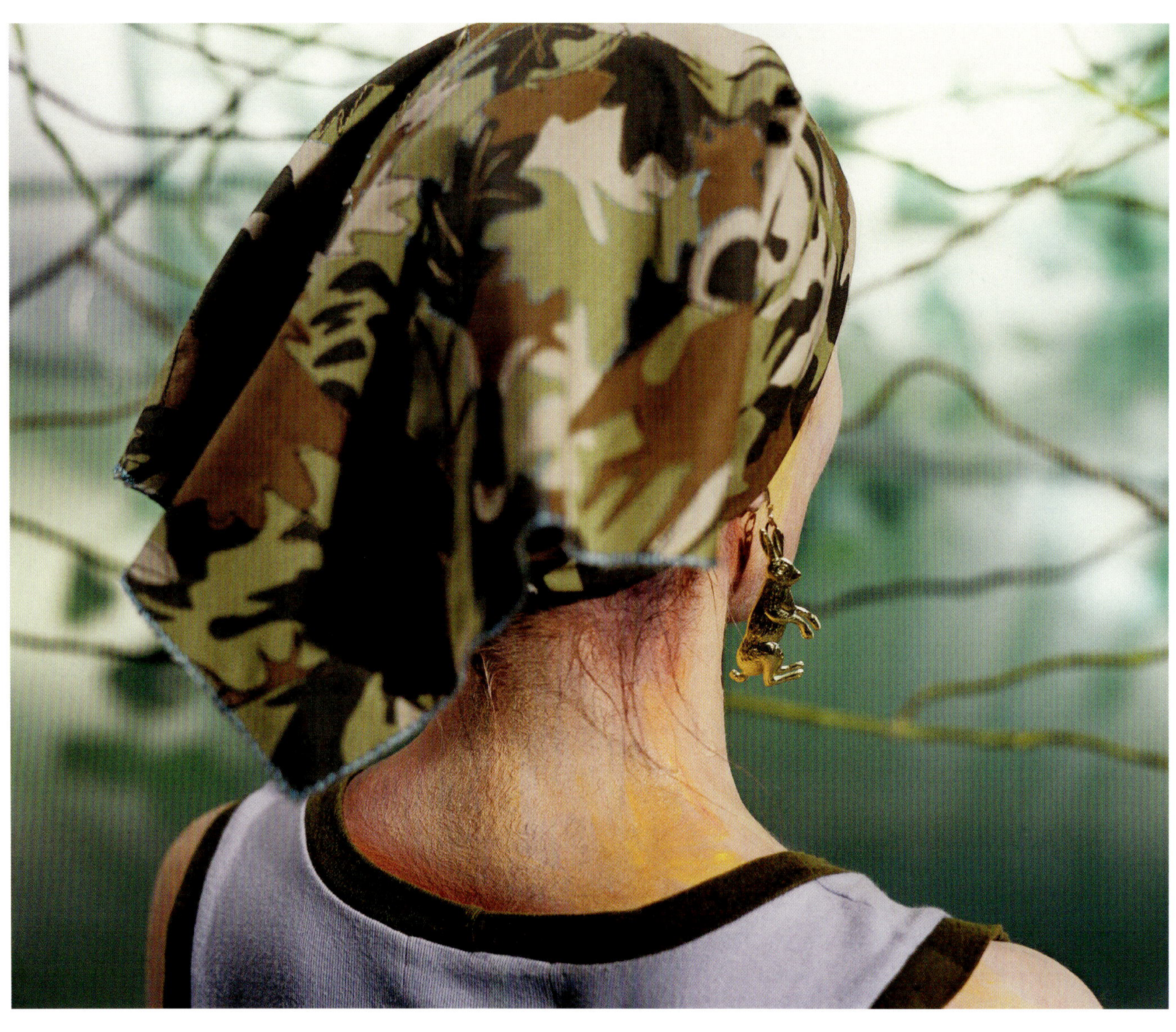

Portrait VIII, 2008

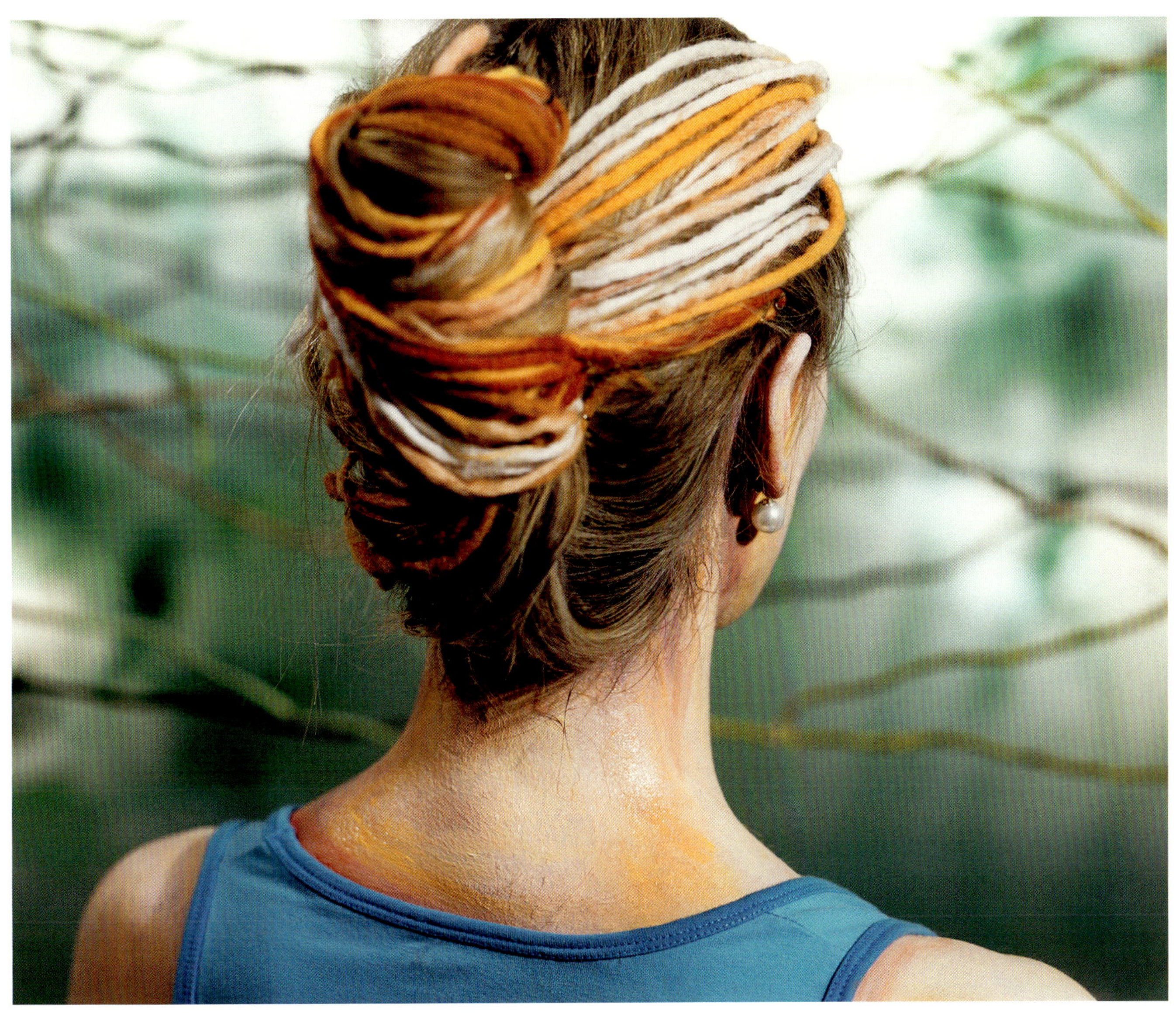

Portrait I, 2008

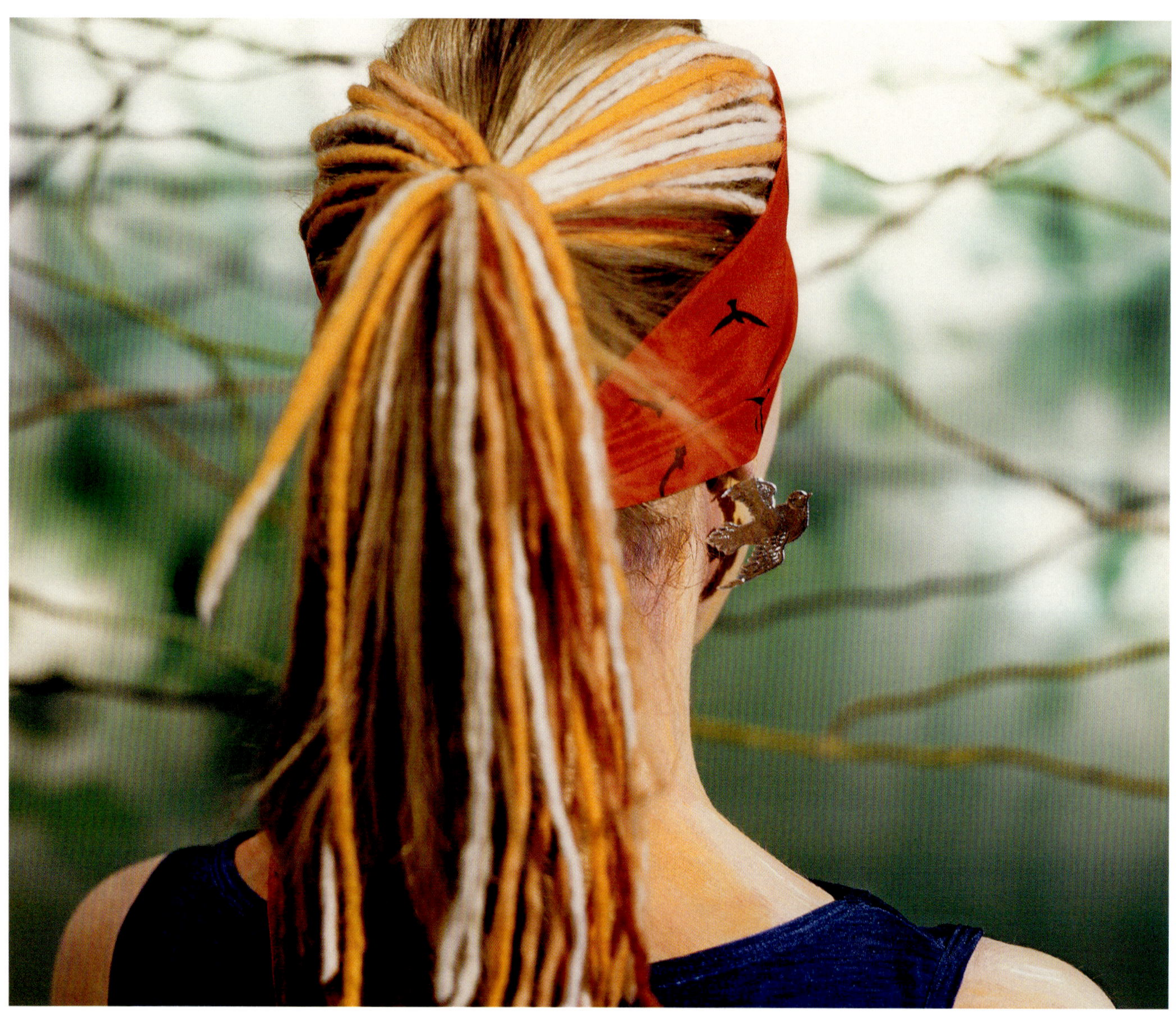

Portrait XIII, 2008   78

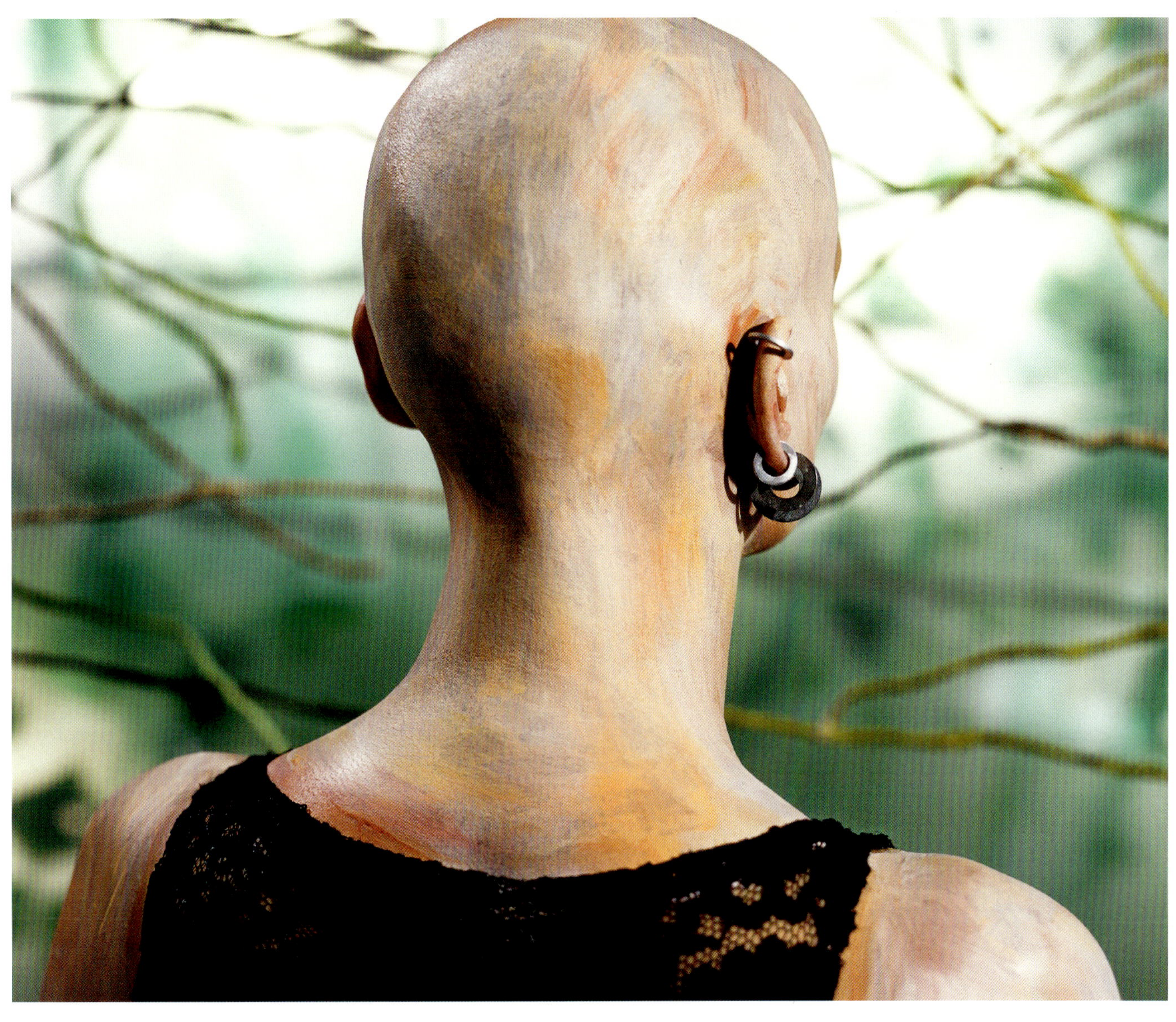

Portrait V, 2008

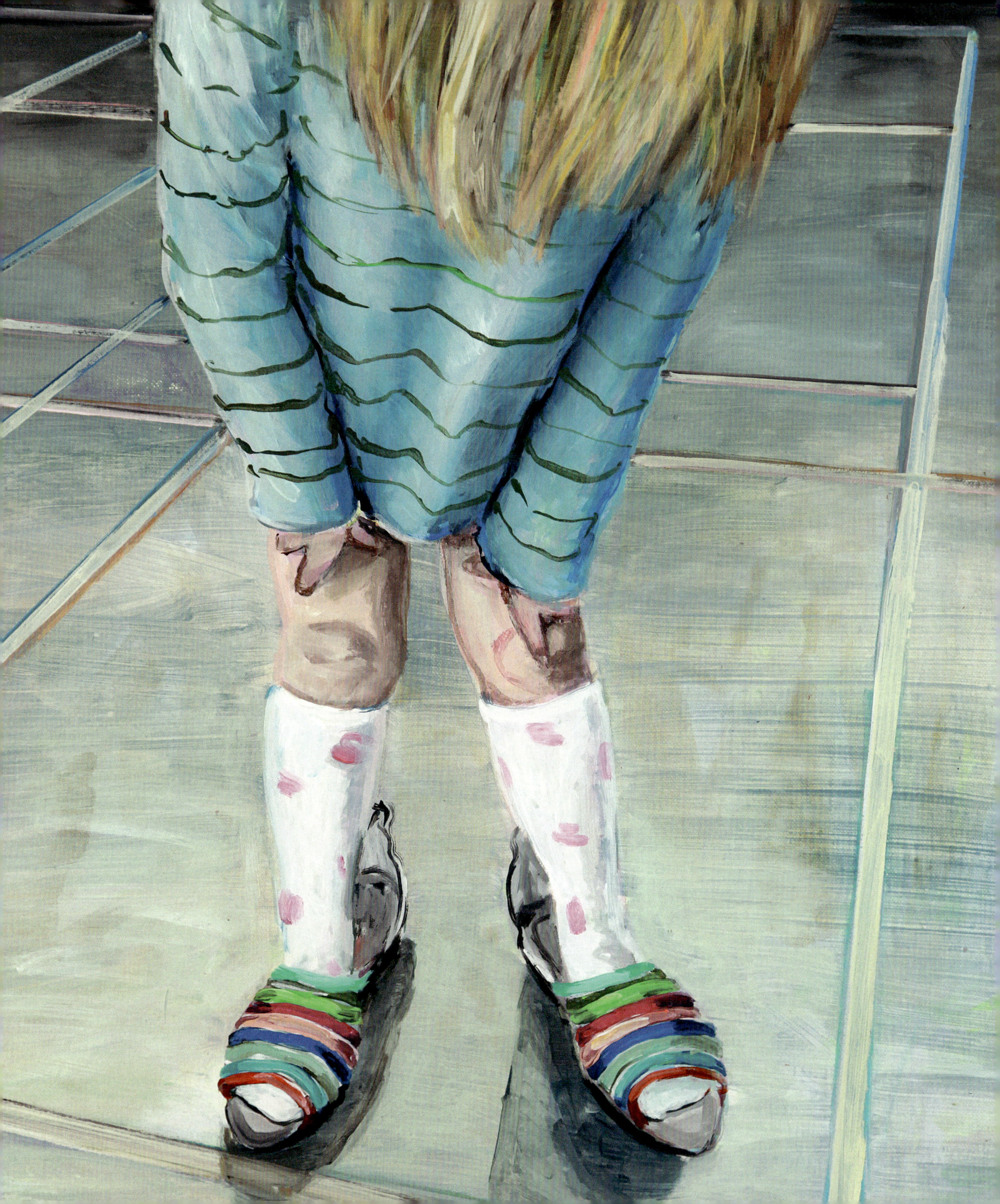

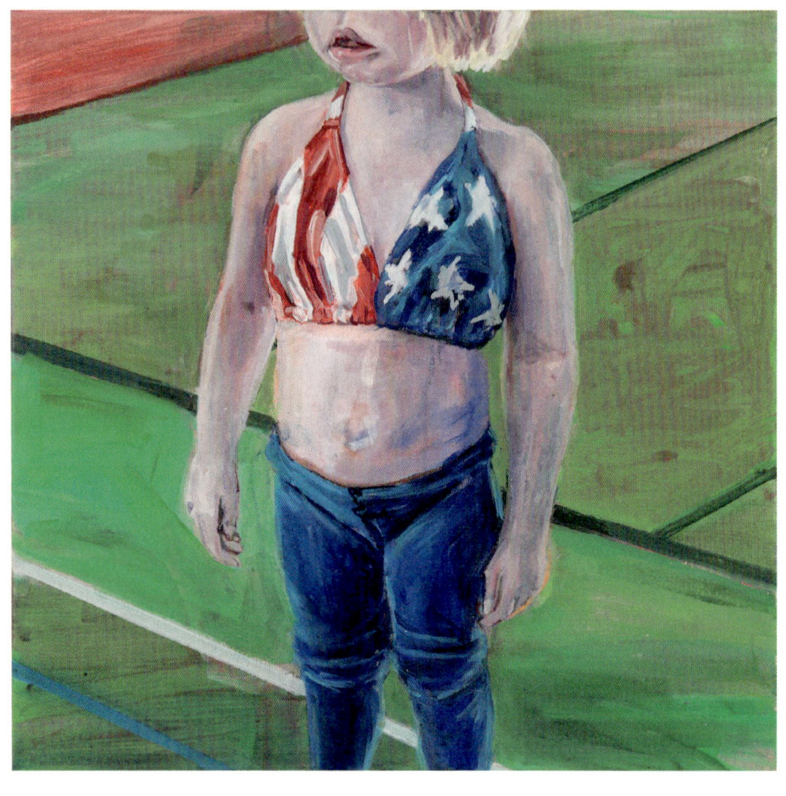

Ella, 2010

“SOME OF THEM HAVE NAMES AND ARE CALLED MERLE, EVA, OR FRIEDA, BUT MOST OF THE PEOPLE IN SABINE DEHNEL'S LARGE-FORMAT PAINTINGS AND LAVISHLY STAGED PHOTOGRAPHS REMAIN JUST ANONYMOUS GIRLS AND YOUNGER OR OLDER WOMEN.”

»EINIGE HABEN EINEN NAMEN, HEISSEN MERLE, EVA ODER FRIDA, MEIST ABER BLEIBEN DIE MÄDCHEN, DIE JUNGEN UND ÄLTEREN FRAUEN AUF SABINE DEHNELS GROSSFORMATIGEN GEMÄLDEN UND AUFWENDIG INSZENIERTEN FOTOGRAFIEN ANONYM.«

BARBARA AUER

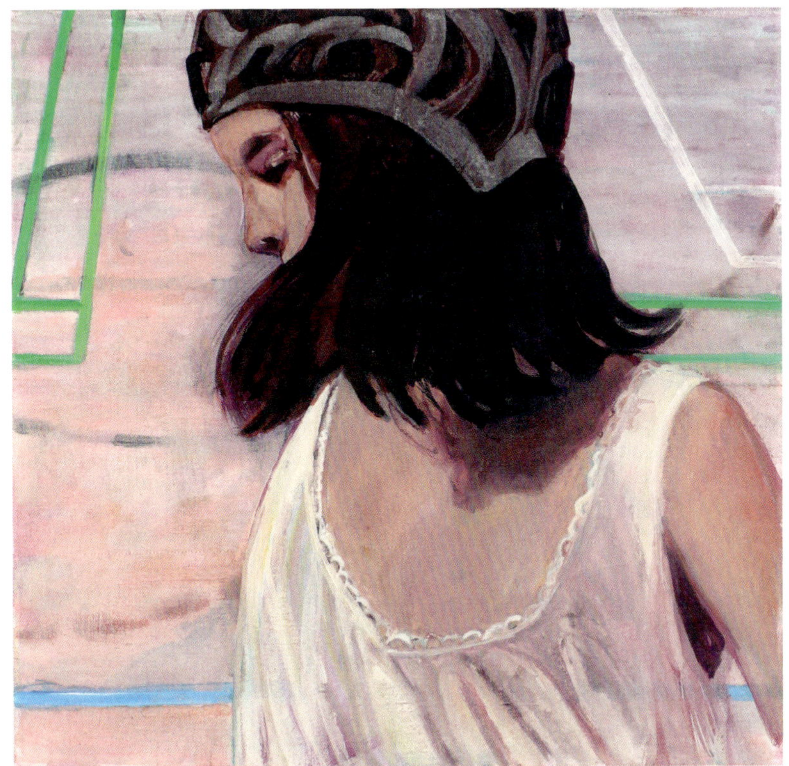

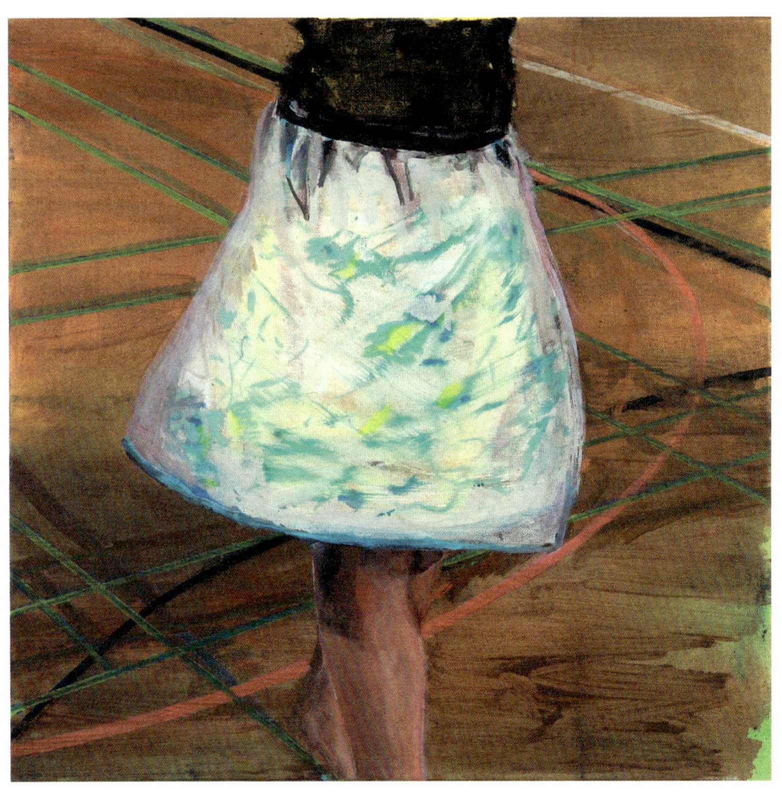

Kim, 2008
Katie, 2010

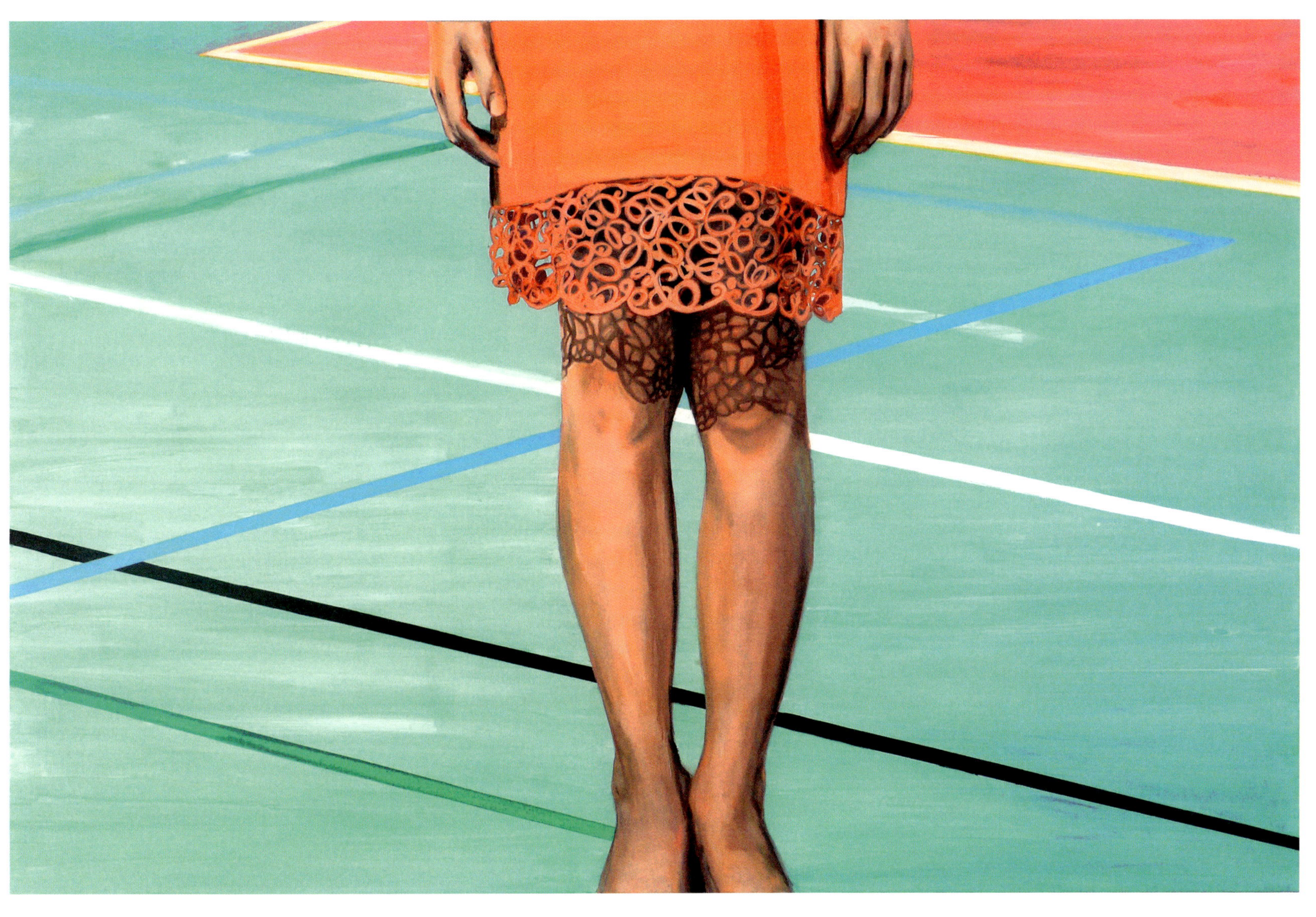

Potsdam 2, 2008

"PAINTING AND PHOTOGRAPHY STAND SIDE BY SIDE AS EQUALS,
»MALEREI UND FOTOGRAFIE STEHEN BEI IHR EBENBÜRTIG NEBENEINANDER,
BUT PROVE TO BE A KIND OF MIMICRY, DEPENDENT ON ONE ANOTHER."
ERWEISEN SICH ABER IN EINER ART MIMIKRY ALS VONEINANDER ABHÄNGIG.«
SIGRUN HELLMICH

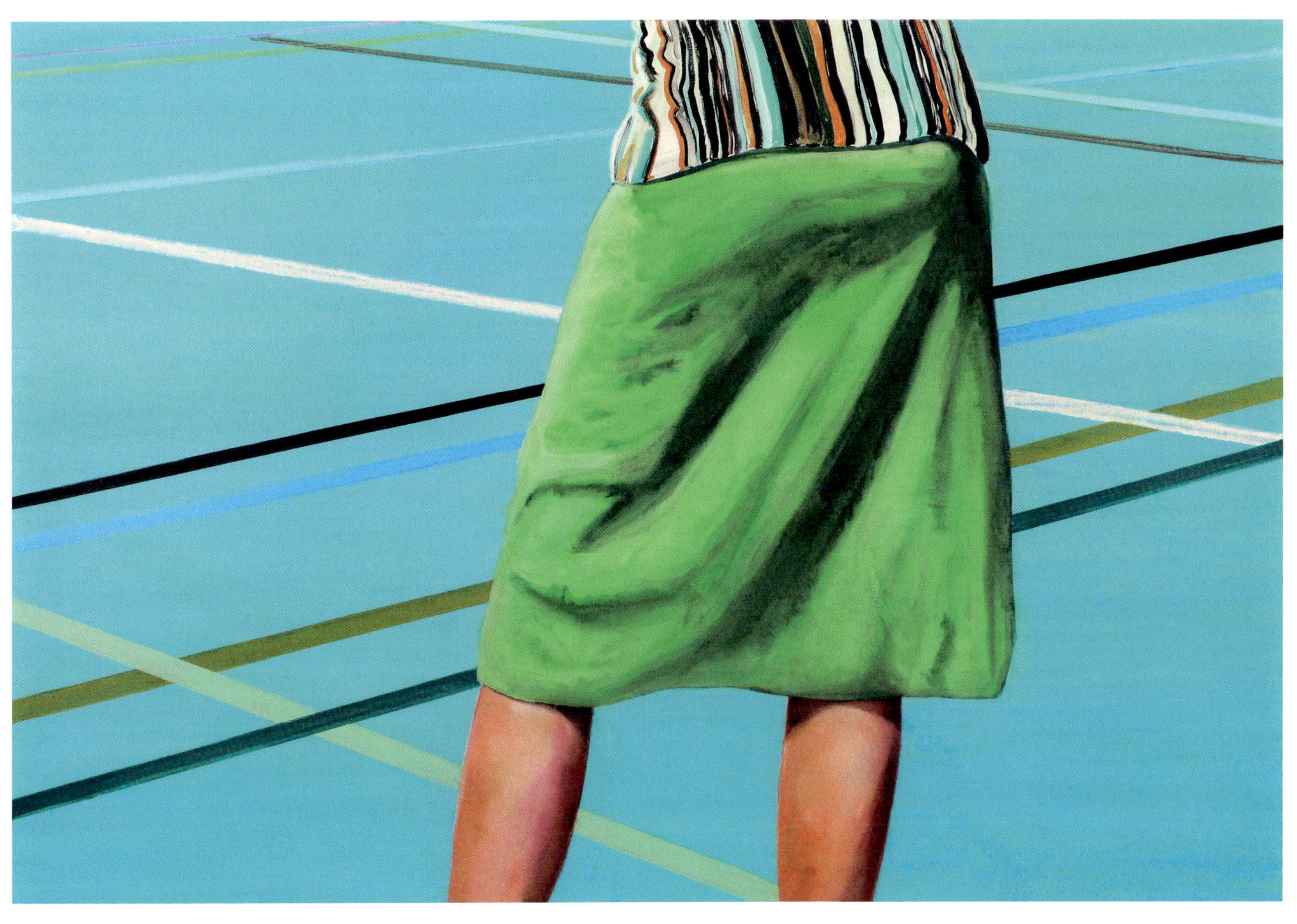

Potsdam, 2008

87

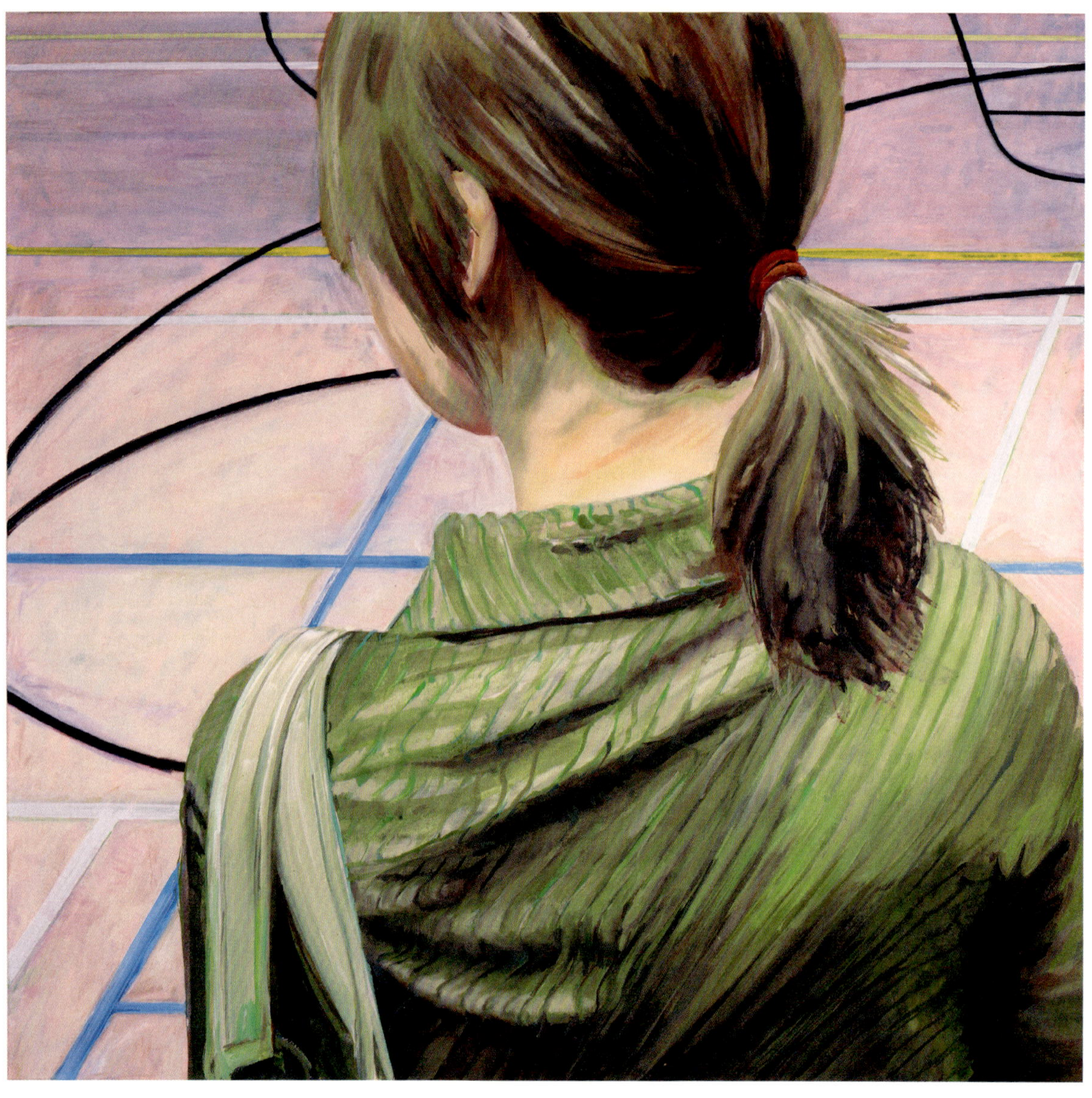

Berlin Mitte, 2009

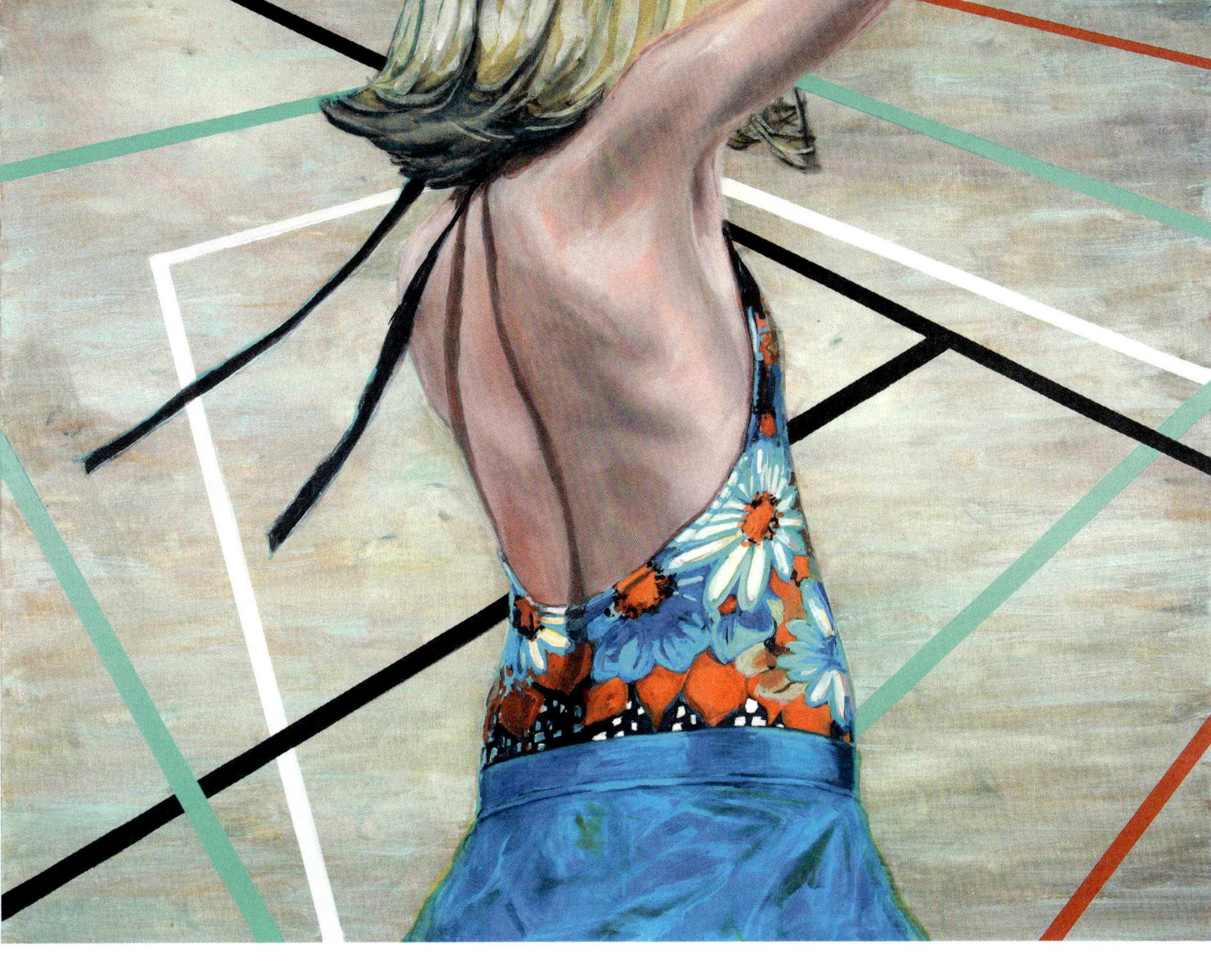

»SABINE DEHNEL BENUTZT IHRE VERSUCHSANORDNUNGEN NICHT NUR
"SABINE DEHNEL USES HER ARRANGEMENTS
FÜR EINEN FOTOGRAFISCHEN ABZUG.
NOT ONLY TO PRODUCE A SINGLE PHOTOGRAPHIC PRINT;
SIE FERTIGT SEQUENZEN AN, DIE EINEN ZEITFLUSS IN GANG SETZEN.
SHE CREATES SEQUENCES THAT PUT YOU ON A TIME REEL."
ABER SIE IRRITIERT ERWARTUNGEN AN EINE FORTSCHREITENDE HANDLUNG.«
SIGRUN HELMICH

Tempelhof, 2010

90

"SABINE DEHNEL DOES NOT CONTRIBUTE TO THE CONTINUAL STANDOFF
»AM GEGENSEITIGEN KRÄFTEMESSEN VON FOTOGRAFIE UND MALEREI
BETWEEN PHOTOGRAPHY AND PAINTING.
BETEILIGT SIE SICH NICHT.
FOR HER, THE MEDIUM IS NOT THE MESSAGE, BUT RATHER A TEMPORARY WAREHOUSE
DAS MEDIUM IST FÜR SIE NICHT DIE BOTSCHAFT,
FOR CERTAIN PROVISIONS AND MATERIALS FOR IMAGES."
SONDERN VIEL EHER EIN ZWISCHENLAGER FÜR BESTIMMTE VORRÄTE, FÜR BILDMATERIAL.«
KLAUS GALLWITZ

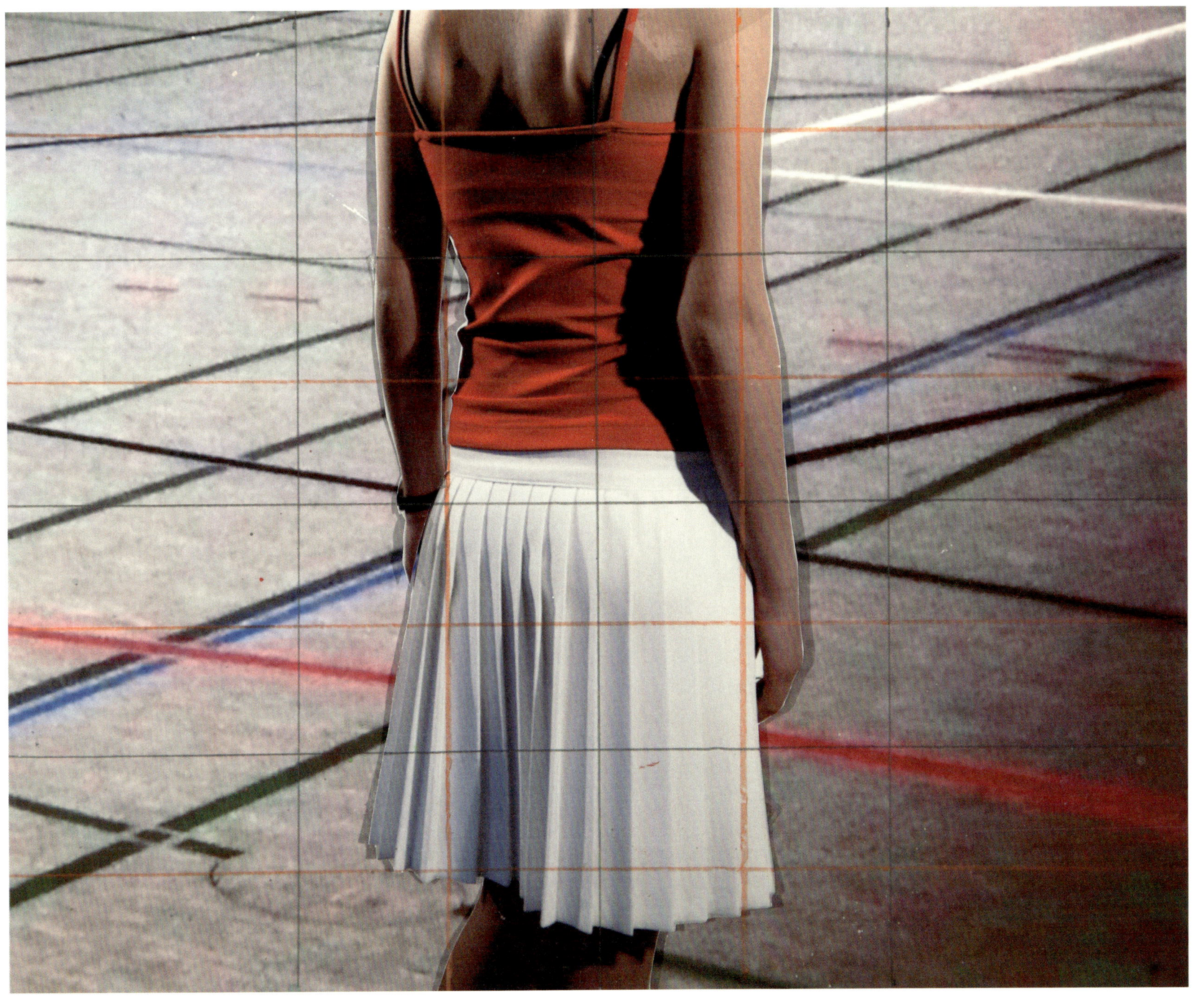

Mutterstadt, 2009

»DIE SPIELFELDMARKIERUNGEN HATTEN PLÖTZLICH ETWAS
"SUDDENLY THE LINES ON THE FIELD REMINDED ME
VON EINER GROSSEN KONKRETEN ZEICHNUNG – SIE ERINNERTEN MICH
OF A LARGE CONCRETE DRAWING, A PATTERN OR A GAME BOARD.
AN SCHNITTMUSTER UND DIE UNTERLAGEN VON BRETTSPIELEN.
A BIZARRE ROOM—ALMOST AN 'ART ROOM' OR A PAINTING
EIN ›SCHRÄGER‹ RAUM AN SICH – FAST SCHON EIN ›KUNSTRAUM‹. FAST WIE EIN
BY THEO VAN DOESBURG OR PIET MONDRIAN PROJECTED ONTO THE FLOOR."
AUF DEN BODEN PROJIZIERTER THEO VAN DOESBURG ODER PIET MONDRIAN.«
SABINE DEHNEL

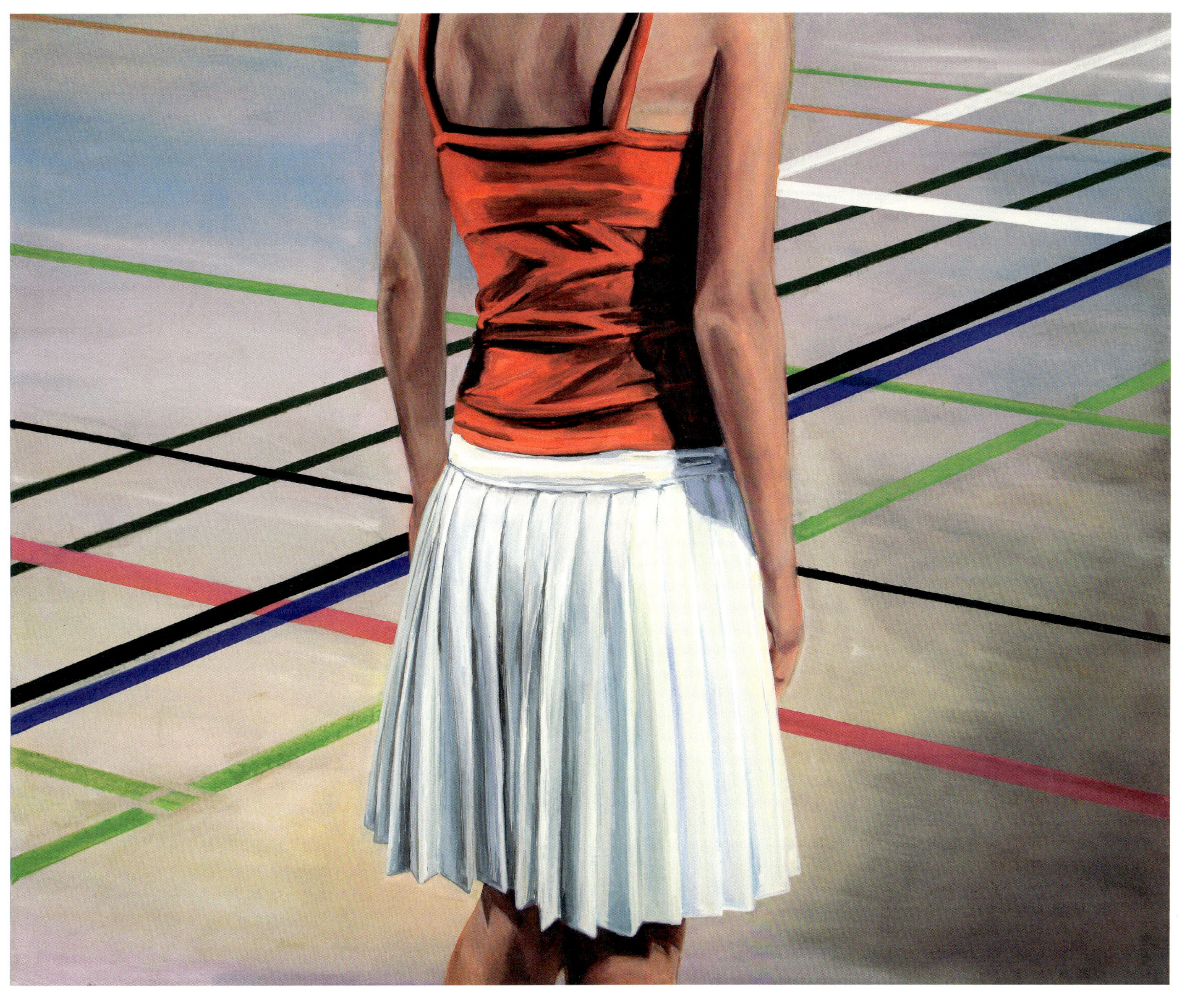

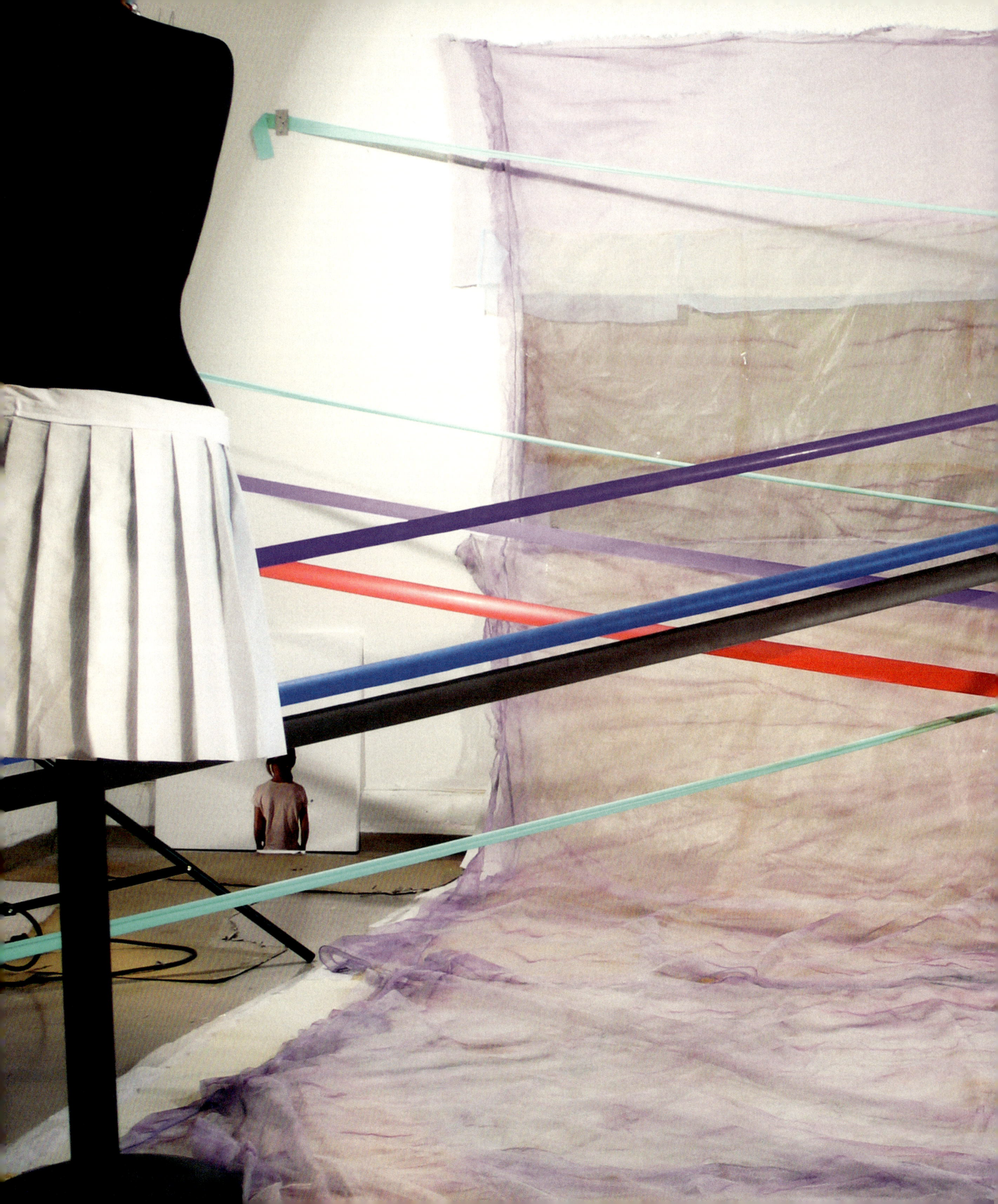

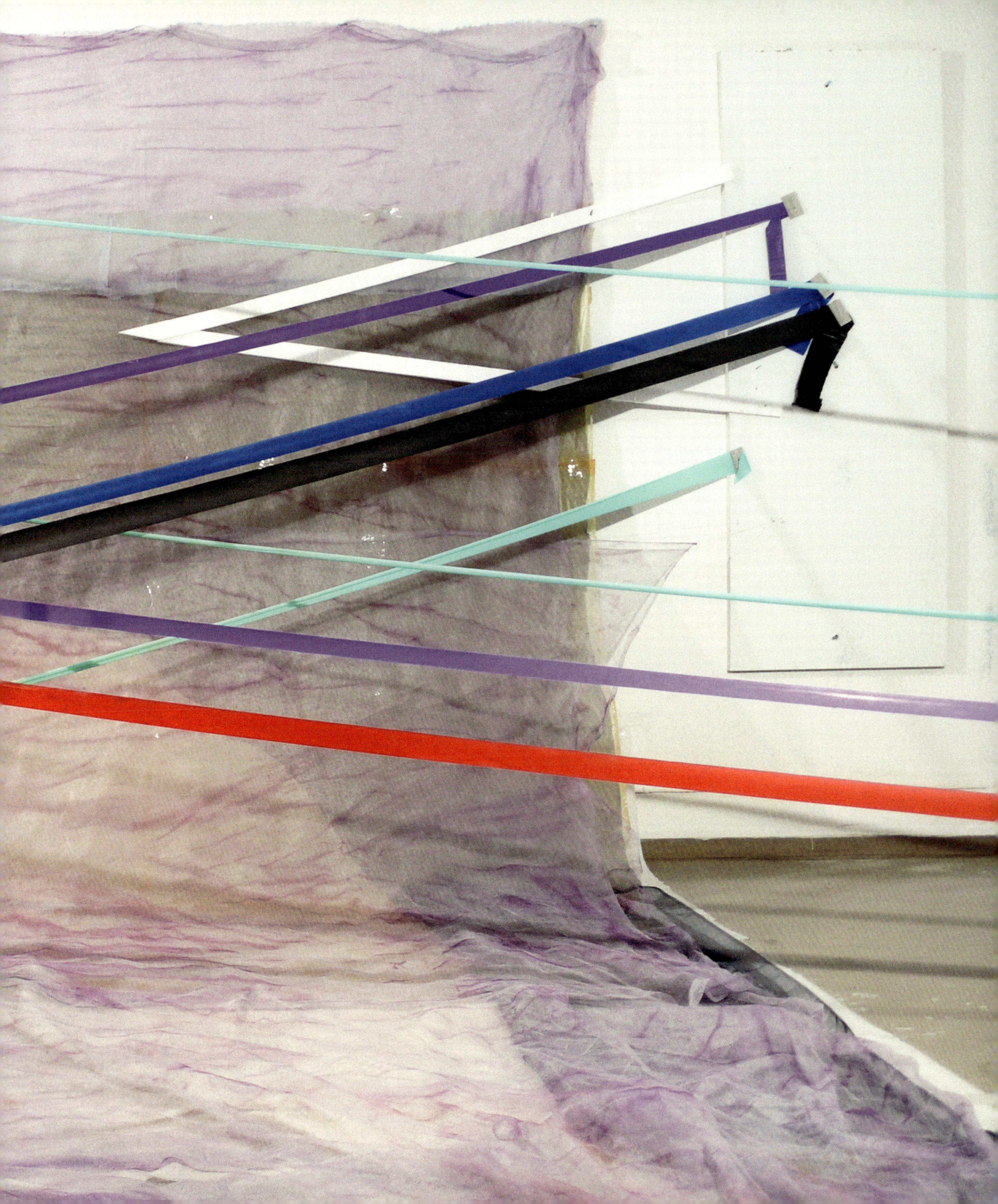

Vorherige Doppelseite / Previous pages:
Installation für *Birte* und *Linda*, 2010: diverse Stoffe, Styropor, diverse Latexbänder / Installation for *Birte* and *Linda*, 2010: various fabrics, styrofoam, various latex bands
420 x 200 x 400 cm

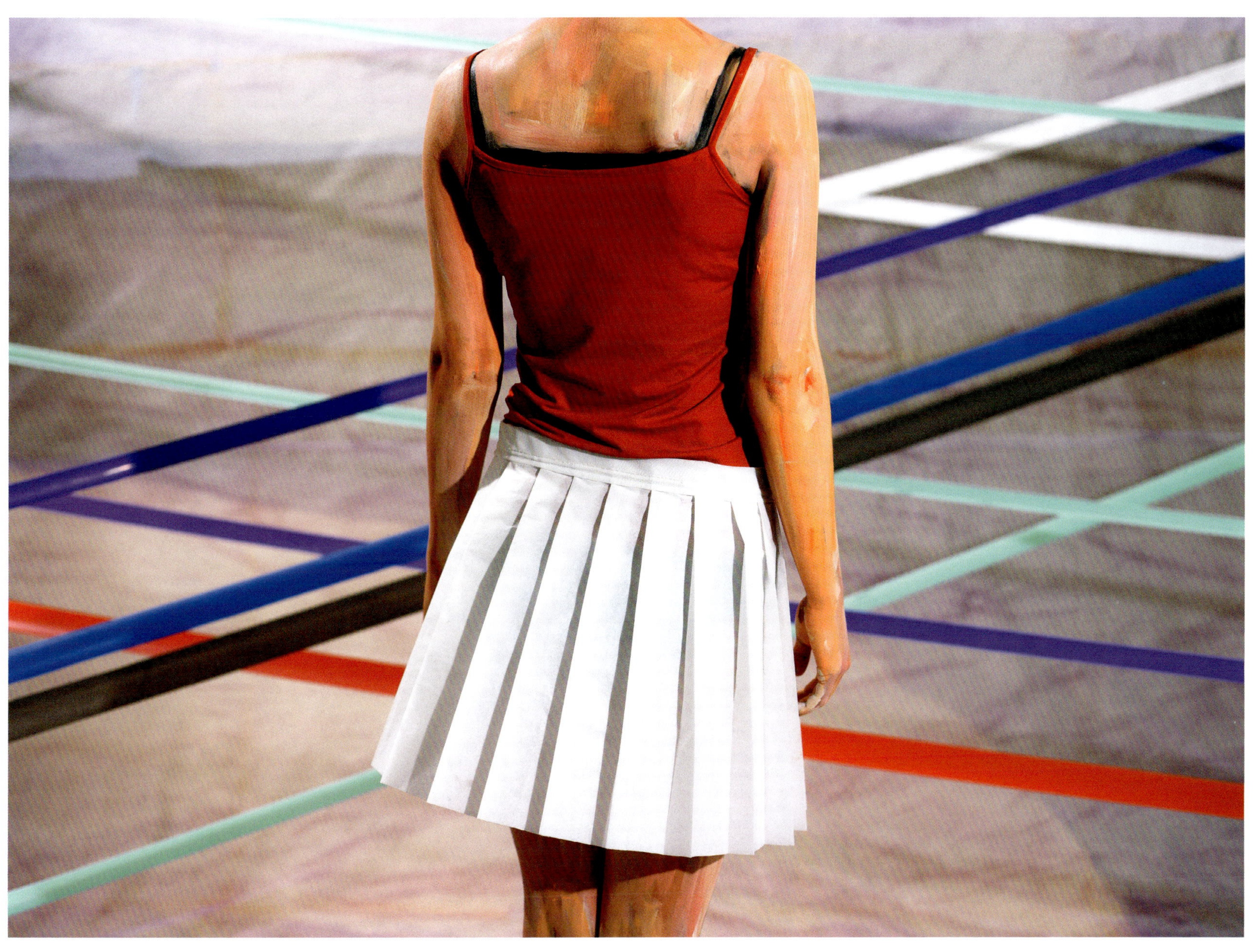

Birte I, 2009

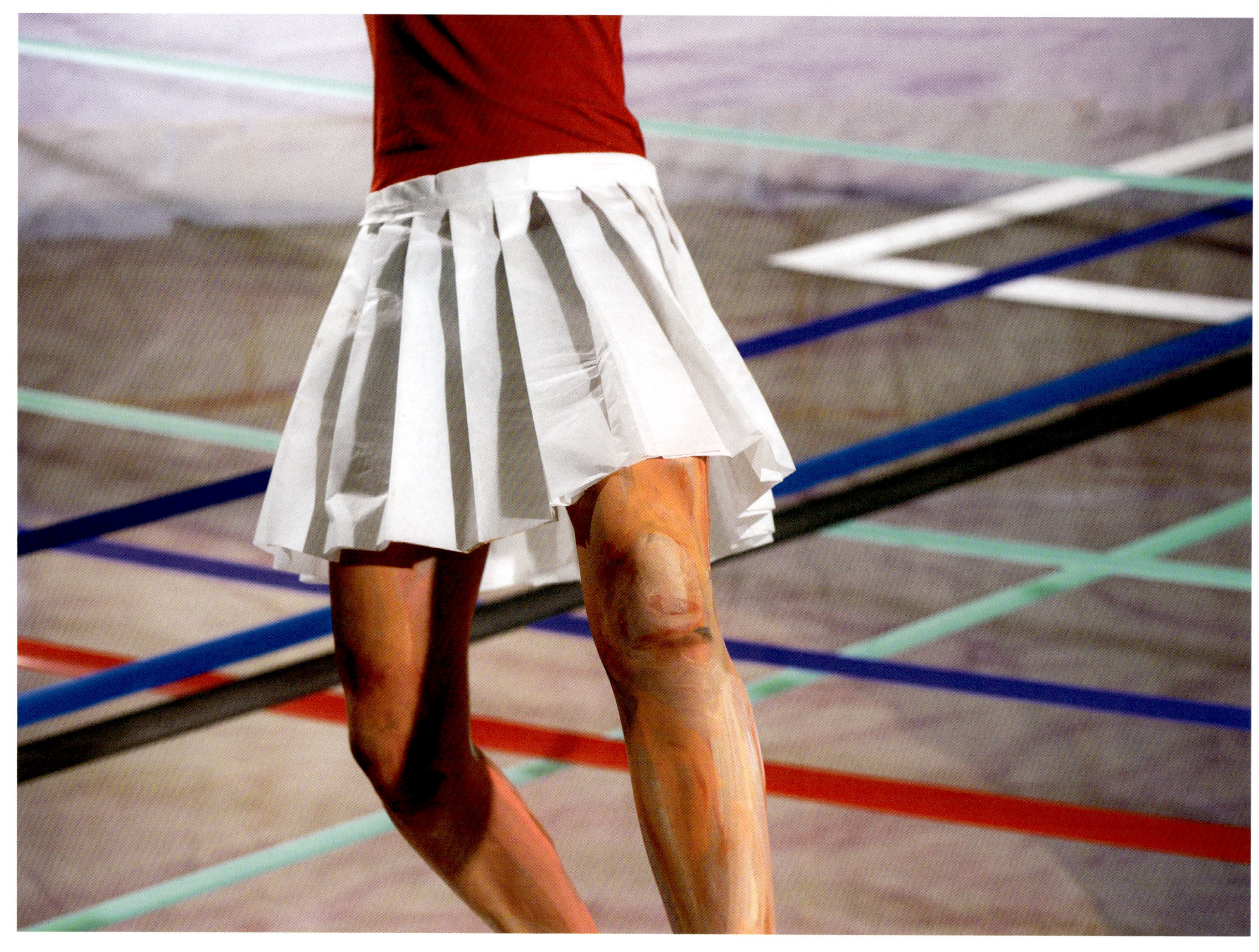

Birte II, 2009

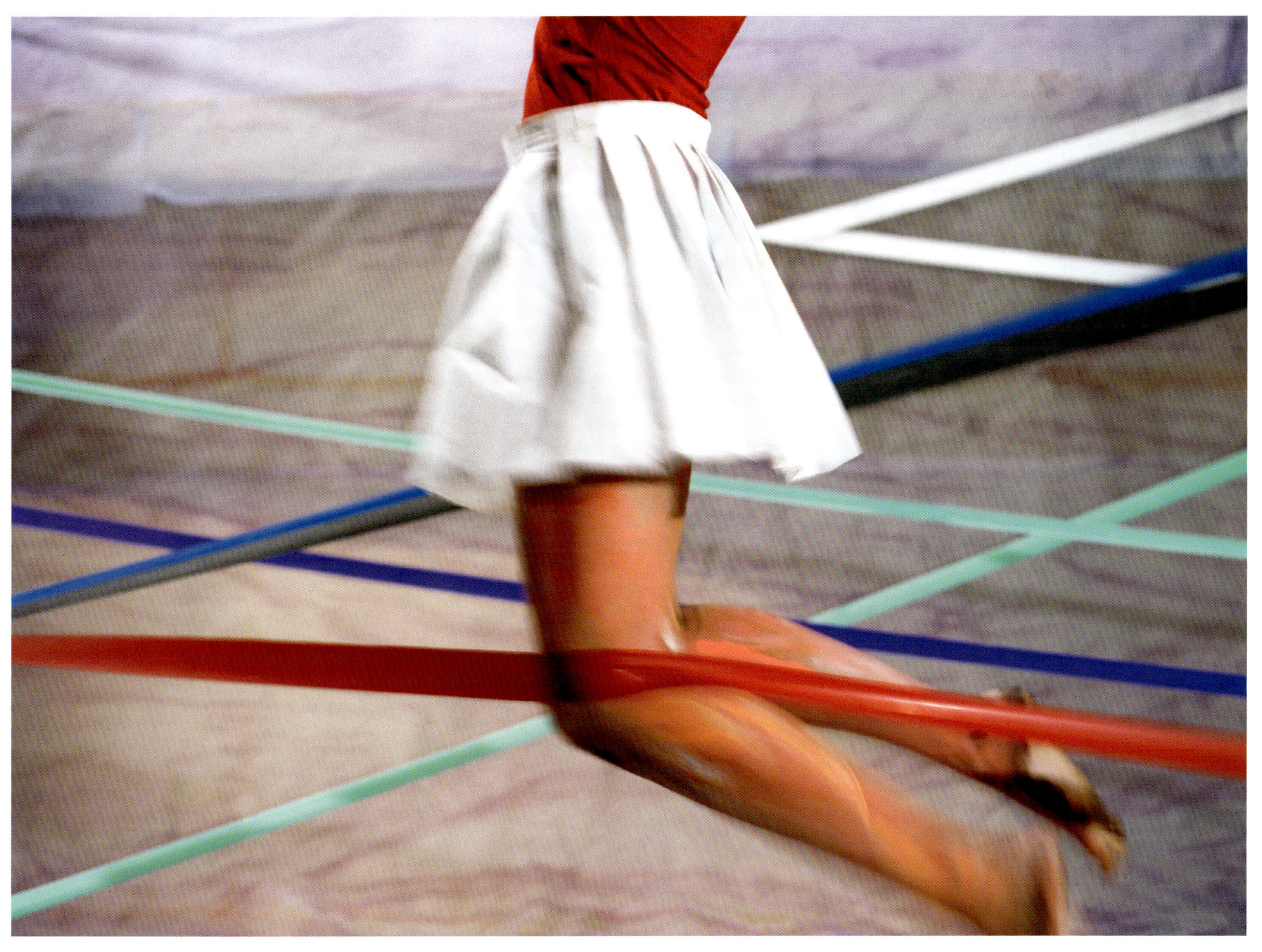

Birte III, 2009

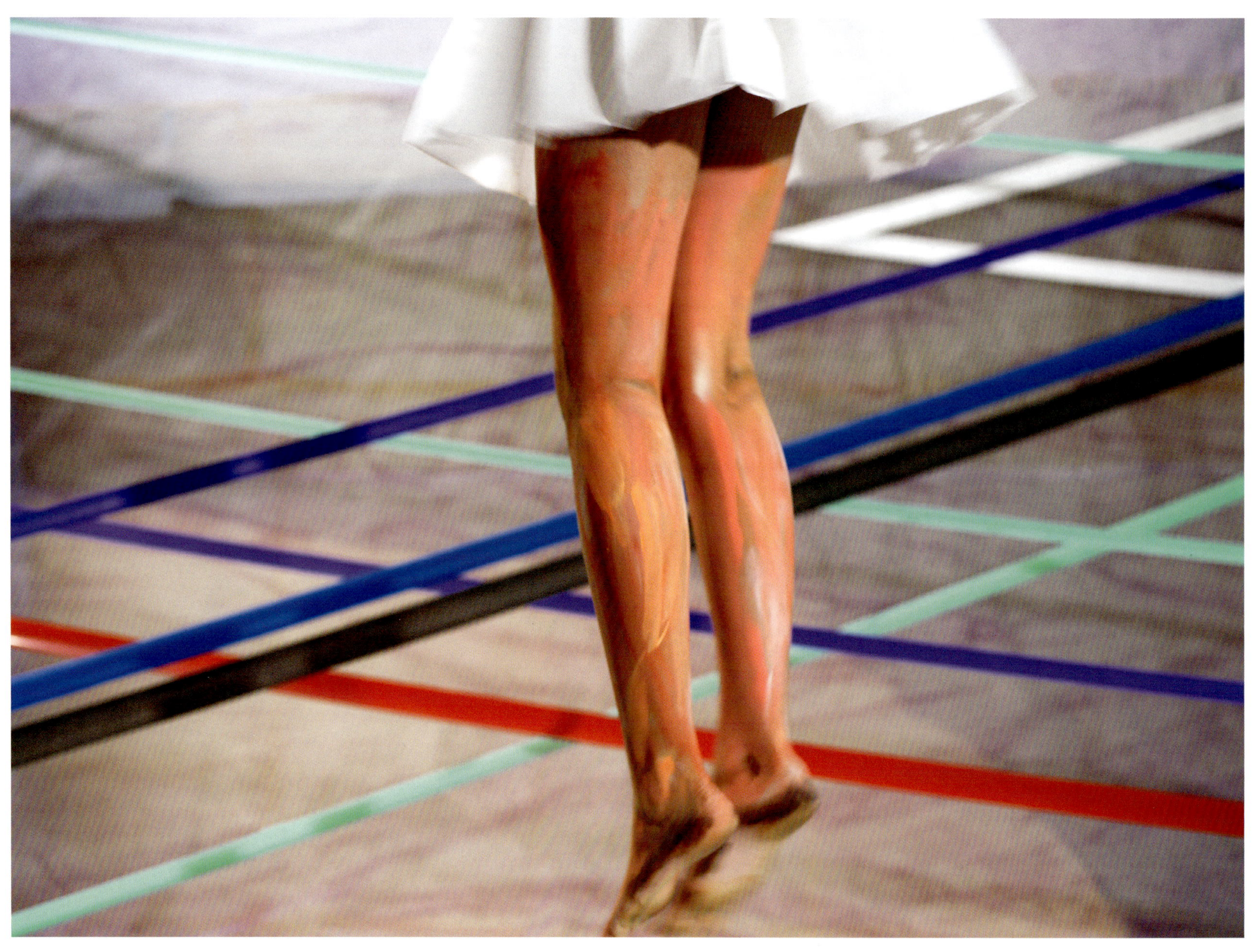

Birte IV, 2009   100

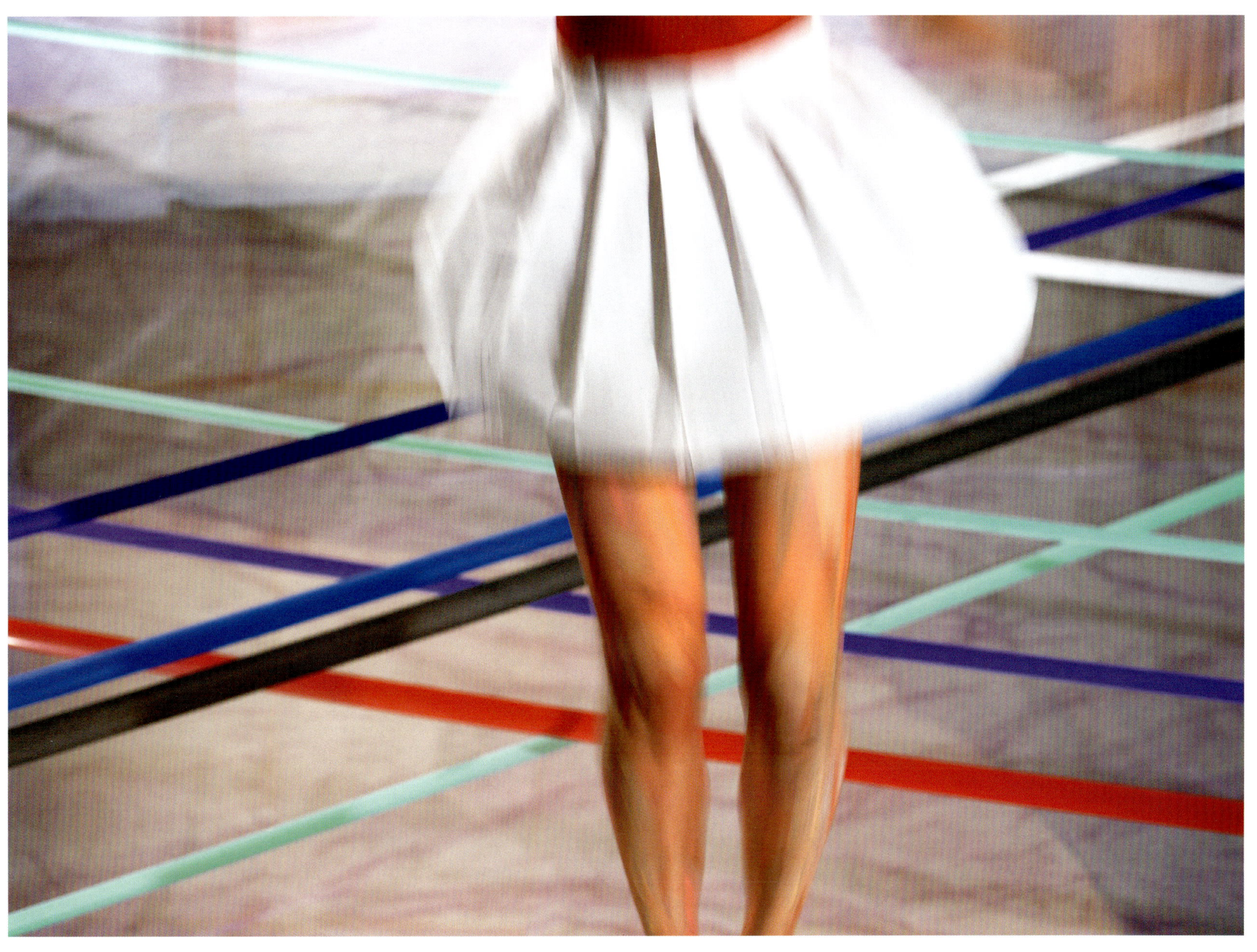

Birte V, 2009

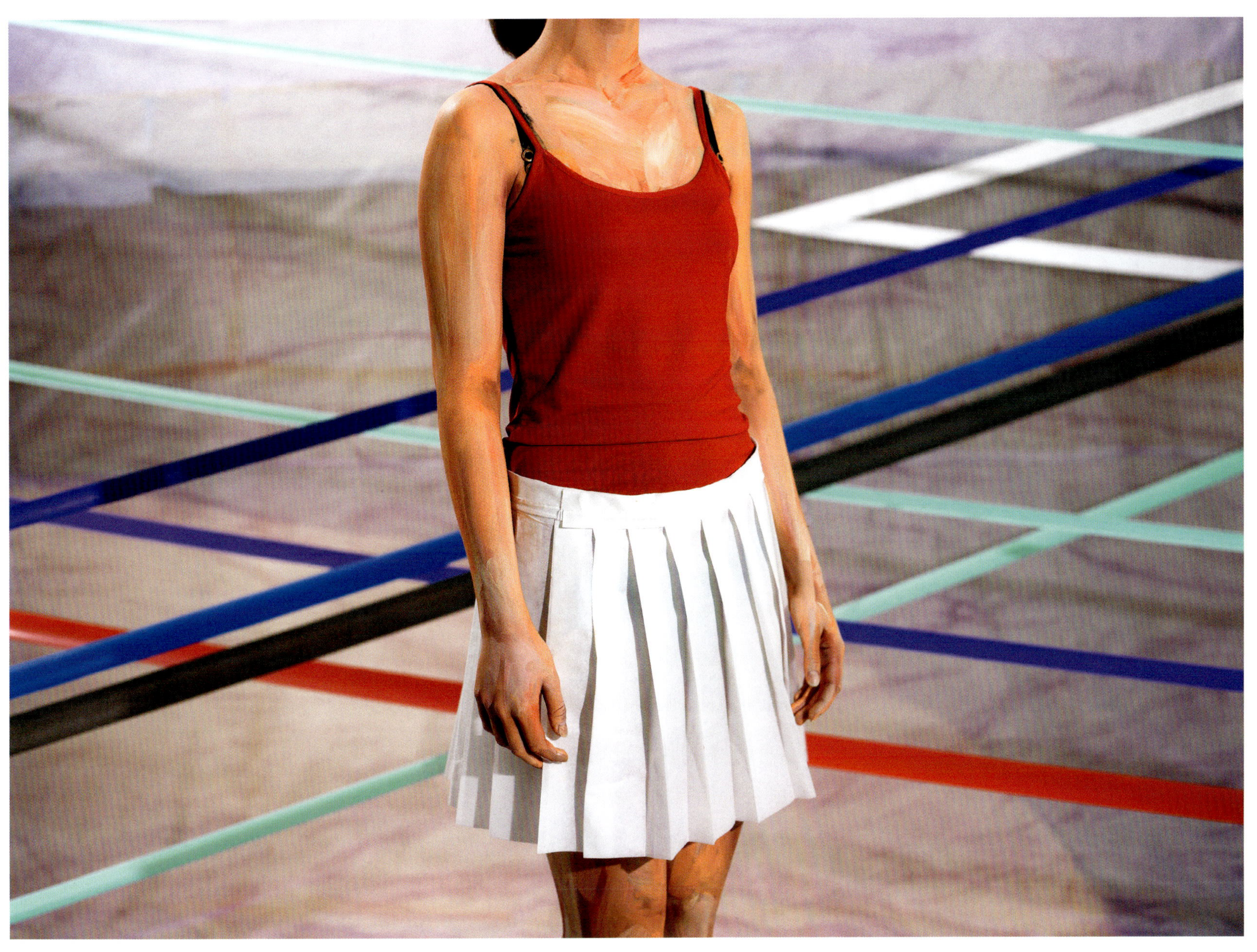

Birte VI, 2009

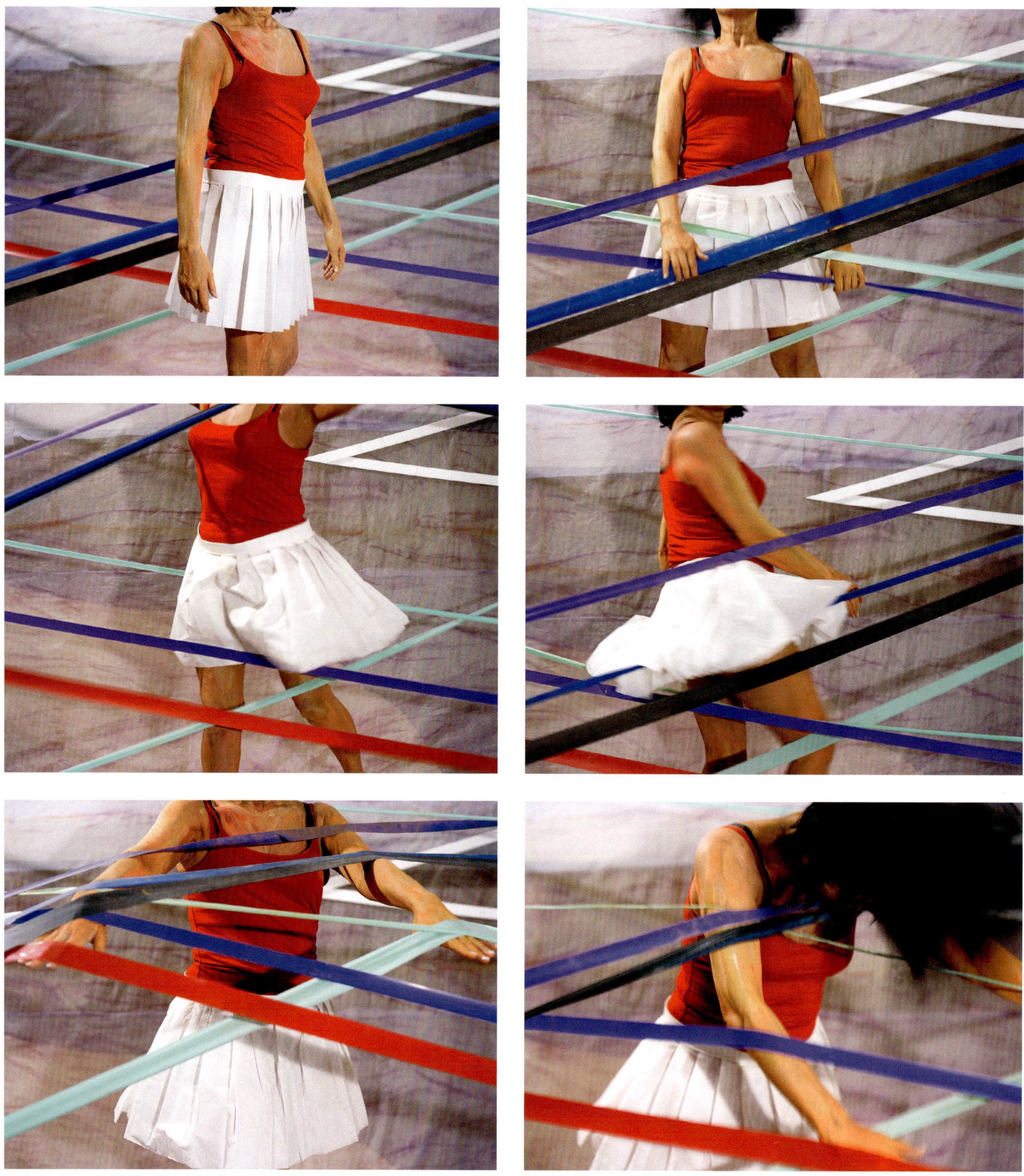

DIE VIELEN BILDER VOM »ANDEREN GESCHLECHT«

PETER FORSTER

Im Œuvre von Sabine Dehnel nahmen Frauenbildnisse schon immer eine zentrale Stellung ein und im Verlauf ihrer Entwicklung wurde diese sogar noch ausgebaut und intensiviert. Die Künstlerin ist dabei mehr als eine bloße Malerin und Fotografin. Ihr mehrschichtiges und vieldeutiges Frauenbild verlangt nach einer Umsetzung, die diesem Anspruch gerecht wird. In ihren aktuellen Arbeiten weitet sie den installativen Anteil im Werk aus und erreicht eine Steigerung auf emotionaler und taktiler Ebene.

Materialien, die unmittelbar mit dem weiblichen Körper in Verbindung gebracht werden, als auch Gegenstände, die im generellen weiblichen Kontext verortet sind, werden von der Künstlerin in ihre Werke eingearbeitet. Daher kommen die Porträtdarstellungen ganz ohne eigentliche Porträts aus. Die Materialien werden zu Stellvertretern für die nicht erkennbaren Frauen. Kleidung, die in jedem ihrer Werke eine besondere Rolle spielt, erfährt in ihrer realen haptischen Präsenz eine Aufwertung. Dehnel inszeniert Stoffe so, dass durch sie der abwesende Körper als Verlust erkennbar wird. Neben diesem Verlust des Körpers, über den die Zeit hinweggegangen ist, ist es die Zeit selbst, die in Verbindung mit der Erinnerung zum bildbestimmenden Faktor wird.

Um Zeit geht es in gewissem Sinne auch bei Häkeldecken – ihnen haftet nicht gerade etwas Zeitgemäßes an. Ihre nostalgische Aura potenziert Sabine Dehnel in der Rauminstallation *Simone* von 2013, in der sie viele solcher altehrwürdigen Deckchen zu einer großformatigen fragilen »Bildinstallation« zusammengenäht hat und diese als transparenten Raumteiler von der Decke hängen lässt. Anhand dieses Objektes materialisiert sie Zeit – jene Lebenszeit, die von einer großen Anzahl anonymer Frauen benötigt wurde, um kleinteilige, filigrane Ornamente aus feinem Garn entstehen zu lassen. Hier ist es die unwiederbringbare Zeit, festgehalten in einem überdimensionierten Symbol von Weiblichkeit. Dehnel versucht, diese eingeflossene Zeit wieder zugänglich und erfahrbar zu machen, und zeigt zugleich, wie geringschätzig wir mit ihr umgehen. Dieses »Zeitarchiv« steht nicht für sich alleine. Die handgearbeiteten Ornamente

THE MANY IMAGES OF THE "OPPOSITE GENDER"

PETER FORSTER

Images of women have always played a central role in Sabine Dehnel's oeuvre and even extended and intensified their standing during the development of her work. And yet, the artist is more than a painter and photographer. Her multilayered and ambiguous image of women requires a realization that meets this ambition. In her current works, she expands the installation part, thus achieving an enhancement at an emotional and tactile level.

For her works, the artist uses materials that are immediately associated with the female body and objects that are positioned in a generally "female" context. Therefore, the representation of the portraits does without the actual portraits. The materials are used to represent the unrecognizable women. In their real haptic presence, the clothes themselves, as a central component in each of Sabine Dehnel's works, experience a gain in status. She arranges the fabrics so that they make us perceive the missing body as a loss. In addition to the loss of the body, which has been skipped over by time, it is the time itself that, in combination with memory, has become the image-determining factor.

In a certain way, crocheted tablecloths also have to do with time—they do not appear to be in keeping with the times. Sabine Dehnel increases their nostalgic aura in her room installation *Simone* from 2013, in which she joins many of these time-honored tablecloths to form a large-format fragile "image installation" hanging down from the ceiling as a transparent partition. She uses the object to materialize time—that lifetime, which was spent by a large number of anonymous women in producing small filigree ornaments from fine yarn. Here it is the irretrievable time, detained in an oversized symbol of femininity. Sabine Dehnel tries to make this flowed-in time accessible and perceivable again and, at the same time, shows us how disparagingly we deal with it. This "time archive" does not stand for itself alone. The hand-made ornaments wake up memories—also independently of the artist's intention—for the fact that these common decorative objects have developed a private, almost intimate, character which

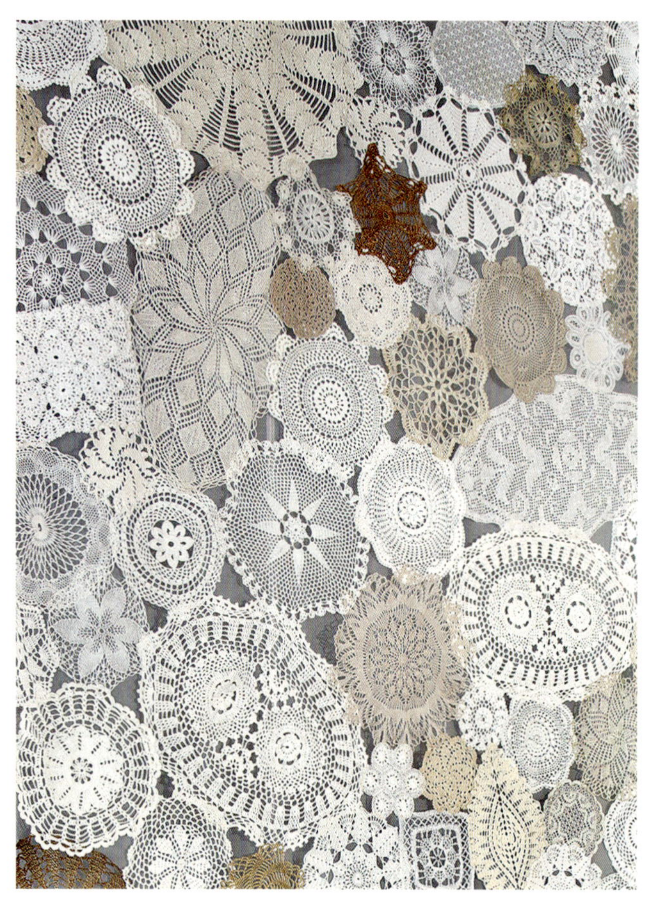

Simone, 2013 (Detail)

lösen Erinnerungen aus, auch unabhängig von der Intention der Künstlerin, denn diese so gebräuchliche Zierware beherbergt einen privaten, ja intimen Charakter, der zutiefst individuell wahrgenommen werden kann. Die Künstlerin zieht daraus ebenfalls ihre ganz eigenen Bezüge: Für die Fotografie *Mona V* streift sie ihrem Modell ein Patchwork aus gehäkelter und geklöppelter Spitze über, das die Brüste mehr betont als verhüllt.

Mit der Handarbeit des Häkelns und Klöppelns verbindet man ebenfalls ein traditionelles, ja sogar biederes Frauenbild. Im 19. und frühen 20. Jahrhundert verbrachten Frauen viele Stunden in Heimarbeit, um so einen Teil ihrer Aussteuer zu fertigen. Im Kontrast hierzu steht das Porträt der jungen Simone de Beauvoir im Amulett auf dem Brustbein eines Modells. Der Anhänger steht für eine besondere Beziehung zwischen der Abgebildeten und seiner Trägerin – es ist der klassische Aufbewahrungsort für Kinder- und Ehemannbildnisse.

Simone de Beauvoir, eine der wichtigsten Ikonen des Feminismus, praktizierte ein offenes Liebesleben und war aufgrund ihrer freizügigen Beschreibungen des weiblichen Körpers heftigen Anfeindungen ausgesetzt. Sie vertrat die These, dass die Unterdrückung der Frau gesellschaftlich bedingt sei und die Rolle der Frau allein in Abhängigkeit vom Mann definiert wird: »Man wird nicht als Frau geboren, man wird es«, so ihr berühmter Kernsatz. Bezieht Dehnel hier gar Stellung im Sinne de Beauvoirs?

Eine gänzlich andere Facette im Umgang mit dem Weiblichen entwirft Dehnel in der Skulptur *Linda* von 2013, eine fast lebensgroße Spieluhr. Im Zentrum des Werks steht ein schwarzer Schwan, dessen Federkleid

can be perceived in an extremely individual manner. From this, the artist also draws her own personal references: for her photograph *Mona V*, she dresses her model in a patchwork made of crocheted and bobbin lace, which emphasizes the model's breasts rather than hiding them.

The craft of crocheting and making lace is also associated with a traditional, if not conservative, image of women. In the nineteenth and early twentieth century, women spent many hours working at home and making their dowry. In contrast to this, we see the portrait of young Simone de Beauvoir framed by an amulet worn over the breastbone of a model. The amulet stands for a special relationship between who or what is framed by the amulet and the woman who wears it—it is the classical place for keeping images of one's children or husband.

Simone de Beauvoir, one of the most important icons of feminism, was known for her open love life and, due to her explicit descriptions of the female body, exposed to strong hostility. She was of the opinion that the oppression of women had social reasons and that the role of women was exclusively defined through dependence on men: "One is not born a woman, but becomes one," she once said. Could it even be that Sabine Dehnel takes a stand in the interests of Simone de Beauvoir?

A totally different aspect of dealing with womankind can be seen in Sabine Dehnel's sculpture *Linda* from 2013, an almost life-size music clock. The work is dominated by a black swan, the feathers of which have been made of wire and stockings. Similar to the technique of making artificial flowers—a trend that came up in the nineteen-seventies—the black stockings were stretched over a wire.

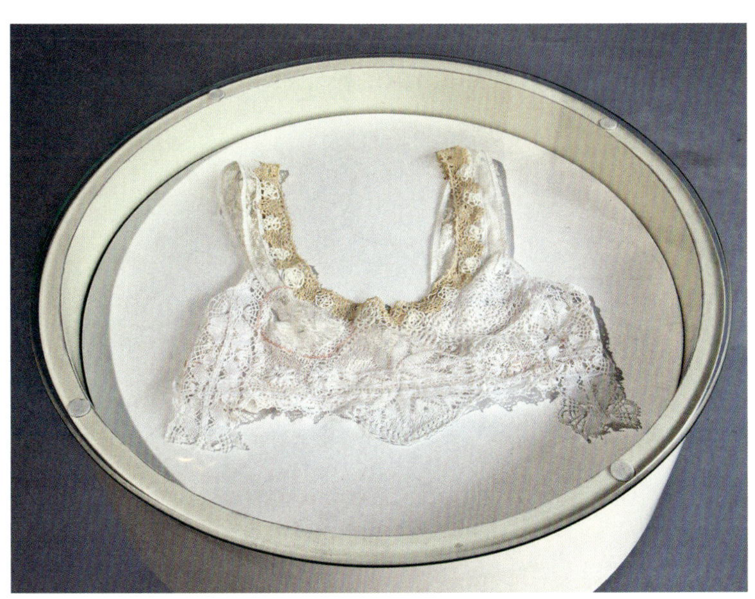

Oberteil für / Top for *Mona V (Simone de Beauvoir)*, 2011

aus Draht und Damenstrumpfhosen hergestellt wurde. In Anlehnung an einen »Blumenbasteltrend« aus den 1970er-Jahren wurden die schwarzen Nylonstrumpfhosen über einen Draht gespannt.

Umgangssprachlich wird der schwarze Schwan auch Trauerschwan genannt. Die Künstlerin greift diese Verbindung auf und schafft eine Art Gedenkskulptur. Die verwendeten Materialien stammen von einer zu Betrauernden oder können mit ihr in Verbindung gebracht werden. Das Bildnis der Verstorbenen selbst erscheint nicht. Dehnel zeigt uns – wie in allen ihren Werken – kein erkennbares Abbild. Vielmehr umschreibt und umkreist sie die Porträtierte und findet so eine Möglichkeit, ein Bild intim zu halten und gleichzeitig dem Betrachter eine Ebene der Identifikation zu öffnen. Den Fuß der Spieluhr bildet ein runder, alter Massivholztisch, dessen organisch geschwungene Beine mit dem Schwanenmotiv korrespondieren. Die Tischplatte ist verspiegelt. Der Spiegel gilt als ein Symbol für den Mythos von Narziss, der an seiner Selbstbespiegelung zugrunde geht. Wie in der klassischen Porträtdarstellung stellt sich hier die Frage, inwieweit es sich im Porträt des anderen immer auch um eine Reflexion der eigenen Person handelt. Inwieweit finden sich eigene Züge und Merkmale bei der Dargestellten wieder, und inwieweit erscheint das andere fremd? Letztlich geht es auch um das Verhältnis zwischen Künstler und Modell. Die titelgebende Linda war eine Freundin und fungierte auch als Modell in Dehnels Serie *Playground*.

Zur Musik von Vicky Leandros' *Ich liebe das Leben* dreht sich der Schwan auf dem verspiegelten Sockel. Für Dehnel steht die Spieluhr im übertragenen Sinne für das immer fortlaufende Karussell des Lebens. Der Schlager, dem die Porträtierte sehr verbunden war, ist ihr die ideale Begleitmusik. Spricht er doch ohne Umwege von der Liebe, vom Schmerz und von den Höhen und Tiefen des Lebens. Der sich einsam drehende Schwan lässt eine romantisch beseelte Atmosphäre entstehen, bei der die Musik die Todesmetapher ambivalent verstärkt. Der Raum ist geradezu »erfüllt« von der Abwesenheit der zu Betrauernden. Die Definition

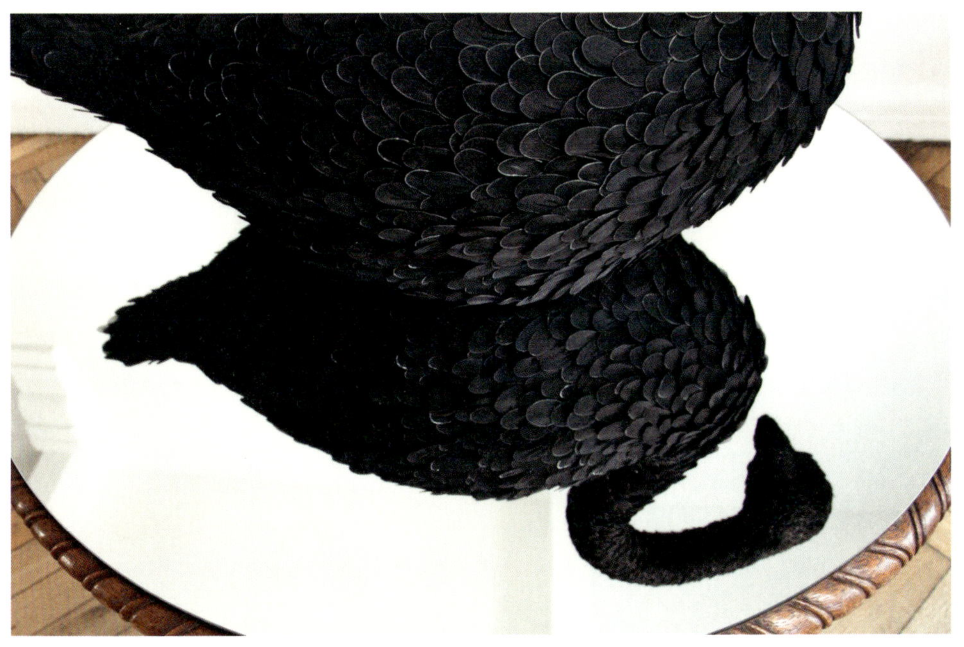

Linda, 2013 (Detail)

In colloquial German, the black swan is also referred to as the mourning swan. The artist takes this association and creates a kind of memorial sculpture. The materials used to this end come from a woman to be mourned over, or can be associated with her. The image of the deceased woman itself does not appear. Like in all of her works, Sabine Dehnel does not show us a recognizable image. Rather, she describes and orbits the portrayed woman, thus finding a possibility to keep the image intimate and, at the same time, opening for the viewer a level of identification. The base of the music clock is an old, round table of massive wood, the organically curved legs of which correspond to the swan motif. The table's top is mirrored. The mirror is considered a symbol of the myth of Narcissus, who comes to grief with his self-adulation. Like in classic portrait presentation, the question is to what extent the portrait of the other is also the reflection of one's own personality. To what extent is it possible to find one's own characteristics and properties in the portrayed and to what extent does the other appear strange? In the end, it is also about the relationship between artist and model. Linda was also a friend of Sabine Dehnel and the model for her *Playground* series.

Accompanied by Vicky Leandros's song *Ich liebe das Leben* (I Love Life), we can see the swan circling on the mirrored base. For Sabine Dehnel, the music clock symbolizes the never-ending carousel of life. The hit song, which meant quite a lot to the portrayed woman, is the ideal background music for the artist because it talks openly about love and pain and about

eines Porträts, das ein Kriterium der körperlichen Wiedererkennung voraussetzt, ist obsolet.

In der Kunst finden sich zahlreiche Beispiele, einen körperlich Abwesenden über diverse assoziationsträchtige Formen und Materialien als anwesend darzustellen, und auch Dehnel lässt das Federkleid aus Nylonstrumpfhosen an die Stelle des abwesenden Körpers treten: Das Material steht für die reale physische Berührung und für die Erinnerung an Linda. Die Künstlerin verwendet Kleidung als Indikator für Weiblichkeit und animiert darüber ihre Geschichten. Im Moment ihres Gebrauchs erscheint Kleidung als etwas Individuelles. Die anschmiegsamen und aufnahmefähigen Stoffe sind weiblich konnotiert. Die unterschiedlichen materiellen Eigenschaften und ihr äußeres Erscheinungsbild nutzt die Künstlerin für verschiedene Bedeutungsinhalte. Die Kleidung kann so bei dem Betrachter einen ganzen Vorstellungsapparat auslösen, da die Materialien Geschichte nicht abbilden, sondern nur eine Erinnerung aufrufen.

Bereits Ende der 1990er-Jahre entwickelte Sabine Dehnel die Grundlagen für ihren eigenen Blick auf das weibliche Porträt. Ausgangspunkt für die damaligen malerischen Arbeiten waren Fotografien aus dem familiären Fotoalbum, später auch Aufnahmen, die aus dem nächsten Umfeld stammten. Diese Fotografien gewährleisteten eine Nähe zu den Dargestellten und gleichzeitig eine Distanz durch die mittlerweile über sie hinweggegangene Zeit, die Gebrauchsspuren hinterlassen hat. Dehnel gelang es, die Stimmung der 1970er-Jahre in zeitlos anmutende Bilder zu wandeln. Parallel zu der malerischen Auseinandersetzung erfuhren die Fotografien immer größere Aufmerksamkeit von der Künstlerin. Waren sie zunächst nur der Fundus für die malerischen Bildmotive, wurden sie schließlich selbst zum Kunstwerk.

Die Vorgehensweise entspricht der Dehnels Malerei. Sie nimmt jeweils einen Ausschnitt aus den Amateurfotografien und vergrößert diese, teilweise zu wandfüllenden Formaten. Den schwarzen Rand der Abzüge, dem Kleinbildnegativ geschuldet, lässt sie stehen. Zu sehen sind vor allem

Linda, 2013 (Detail)

the ups and downs of life. The lonely circling swan creates a romantically animated atmosphere, in which the music ambivalently intensifies the death metaphor. The space is virtually filled with the absence of the woman to be mourned over. The definition of a portrait, which requires a criterion of physical recognition, is obsolete.

The arts are full of examples on how to use diverse associable forms and materials to characterize a physically absent person as present. Sabine Dehnel replaces the absent body with plumage made of nylon stockings. The material stands for real physical touch and for the memory of Linda.

The artist uses clothing as an indicator for womanhood, thus animating her stories. At the moment when they are used, clothes appear as something individual. The smooth and absorbing textiles have a female connotation. The artist uses the different material properties and their outer appearance to express different purports. In this way, the clothes can fire the viewer's imagination, because the materials do not map a story but only retrieve it.

Already at the end of the nineteen-nineties, Sabine Dehnel developed the basics for her own view of the female portrait. The starting point for her paintings at that time were photographs from the family photo album as well as, later on, photographs that came from her direct environment. The photographs provided for a nearness to those portrayed and, at the same time, a certain distance through the time passed over them, leaving signs of wear and tear. Sabine Dehnel managed to catch the spirit of the nineteen-seventies in these timeless images. Parallel to the painterly dialogue, the photographs moved into the focus of the artist's attention. While, at the beginning, they just served as the general equipment for the painting, they later turned into pieces of art themselves.

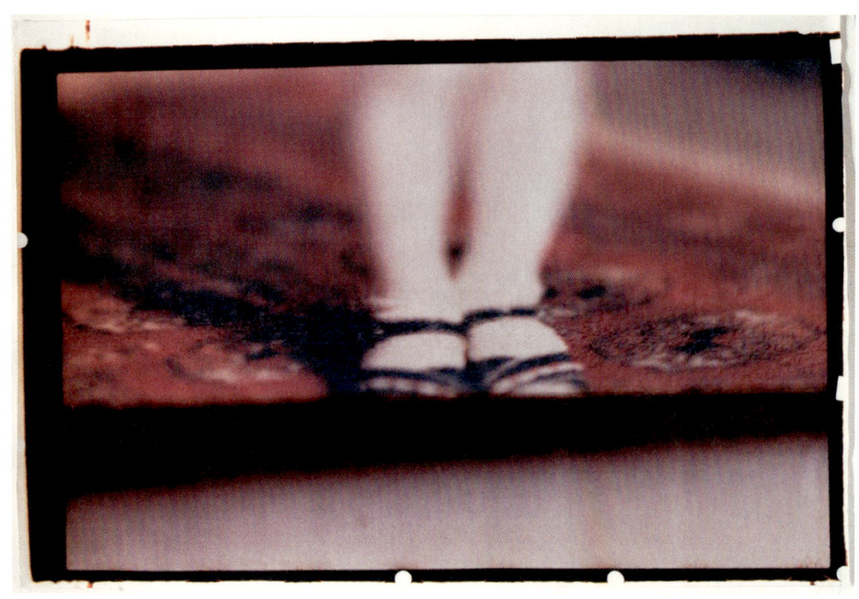

Kommunion, 1998

schemenhafte Urlaubsimpressionen und Familienfeiern. Bedingt durch Unschärfen, Verwackelungen sowie dadurch, dass sie die altersbedingten Spuren auf den Ursprungsbildern nicht tilgt, wirken die gewählten Ausschnitte in ihrer Patina unwirklich, fast künstlich traumhaft. Die aus ihrem Alltagskontext enthobenen Ausschnitte erfahren eine emotionale Aufladung, die den Erinnerungscharakter der Originalfotografie verstärkt. Die beiden Fotografien *Kommunion* und *Im Wasser* (beide von 1998) greifen diese Technik auf.

Bei Marcel Proust war es der Geschmack einer in Tee getunkten Madeleine, der in seinem Werk *Auf der Suche nach der verlorenen Zeit* die Schleuse zu Kindheitserinnerungen öffnete. Bei Dehnel sind es oft Fragmente von Kleidungsstücken oder eine Hand- oder Fußhaltung, die sowohl als Verweise auf eine unwiederbringliche Vergangenheit der Kindheit stehen, aber auch wie ihre eigene Inszenierung wirken. Wie in historischen Filmen oder Theaterstücken transportiert Sabine Dehnel über die Kostüme Zeitlichkeit. Bis zu diesem Zeitpunkt speisten sich die Fotografien ausschließlich aus ihren Bildvorlagen. Im nächsten Schritt verändert sie ihre unkonventionelle und experimentierfreudige Gestaltungsweise, indem sie das bisherige Verhältnis zwischen Fotografie und Malerei verkehrt. An diesem Punkt löst sich Dehnel auch vom fotografischen Einzelbild und arbeitet überwiegend in Fotoserien, während sie in der Malerei beim Einzelbild bleibt.

Ein wichtiges Verbindungsglied stellen ihre gebauten Kulissen dar. Für die Werkreihe *Barfuss* von 2009 baute sie aus Styropor, diversen Stoffen und Papieren eine Zimmerwand sowie ein Stück Fußboden mit Fußleiste

The method is similar to that of her paintings: Sabine Dehnel takes a detail from the amateur photographs and enlarges it, partially to wall-covering formats, not removing the black margin of the prints generated by the small image's negative. What we see are mainly apparitional holiday scenes and family celebrations. Due to blurring and camera shaking, as well as the fact that she does not remove the age-related marks on the original images, the selected details, in their patina, appear unreal and almost dreamlike. The details taken out of their original contexts experience an emotional upgrade that intensifies the character of the original photograph. The two photographs *Kommunion* (Communion) and *Im Wasser* (In the Water)—both from 1998—pick up on this technique.

Where Marcel Proust described the taste of a Madeleine cake dunked in tea that, in his novel *À la recherche du temps perdu* (In Search of Lost Time), opened the gate of childhood memories, Sabine Dehnel often uses fragments of clothes or a hand or foot posture that both stand as references to an unrecoverable past of our childhood and appear as their own staging. Like in historical movies or plays, Sabine Dehnel uses the costumes to transport the presence of time. In contrast to her paintings, the details' degree of abstraction has, however, been reduced. Up to this moment, the photographs exclusively fed on their originals. In the next step, she changes her unconventional and adventurous style by reversing the former ratio between photography and painting. This is the point where Sabine Dehnel abandons the individual photograph and changes over to working mainly with photo series, while her work with paintings continues to focus on individual images.

Her constructed settings are an important link. For her work series *Barfuss* (Barefoot) from 2009, she took Styrofoam, various fabrics, and papers to build a wall together with a floor and skirting. Then she positions her model within this temporary installation and arranges the situation as a "living image" by painting the visible parts of the young girl's body and taking pictures of them. The six large-format *Barfuss* photographs

nach. Innerhalb dieser temporären Installation positionierte sie ihr Modell und inszenierte die Situation als »lebendiges Bild«, indem sie die sichtbaren Körperpartien des jungen Mädchens bemalte und anschließend mit der Kamera festhielt. Die sechs großformatigen *Barfuss*-Fotografien zeigen das Mädchen in immer gleicher Haltung auf einem blanken Boden, mit dem Rücken zum Betrachter. Vom Körper sind lediglich die Beine, die unbekleideten Füße und der Ansatz der changierenden sommerlichen Bekleidung zu sehen. Die Fotoreihe geht auf ein einzelnes Gemälde mit dem Titel *Barfuss* (2008) zurück.

Die Nacktheit der Füße erinnert nicht nur an Sommerurlaube, sondern assoziiert Freiheit per se. Vielleicht auch die Freiheit, sich aus gesellschaftlichen Konventionen zu lösen. Anhand der Vielfalt der Kleidung mit ihren unterschiedlichen Materialien, Farben und »modischen« Details zeigt uns Dehnel ein facettenreiches Bild der jungen Frau. Zwar ändert sich das Wesen dieser nicht, da Haltung und Gestik gleich bleiben, aber dennoch verkörpert die wechselnde Kleidung immer ein anderes Bild der Trägerin.

Die Kleidung – oft auch als zweite Haut bezeichnet – steht hier symbolisch für die Frau und ihre durch modische Kleidercodes erkennbare gesellschaftliche Zugehörigkeit. Was also auf den ersten Blick wie eine Modestrecke in einem Frauenmagazin wirkt, verkehrt sich auf den zweiten Blick in ihr Gegenteil. Die Fotografien gehen über einen vermeintlich sommerlichen Erinnerungscharakter hinaus. Die Reduktion und Konzentration auf die Kleidung, die serielle Bearbeitung und der künstliche Charakter, der durch die selbst angefertigte Kulisse noch verstärkt wird, indem sie gleichzeitig aber auch illusionistisch mit den malerischen Aspekten spielt, generieren diese ungewöhnlichen Frauenporträts. Sabine Dehnel betreibt dabei konsequent eine Verweigerung: Sie verweigert uns nicht nur das eine Bild der Frau, sondern sie anonymisiert und entpersonifiziert das Bild der Frau in Gänze.

Im Kern folgt die *Barfuss*-Reihe in all ihren Ausformungen derselben Grundhaltung, die bereits die amerikanische Künstlerin Cindy Sherman

show the girl always in the same posture on a bare floor, with her back toward the viewer. The only parts of the body that we can see are her legs and naked feet as well as a little bit of the changing summer clothes. This series of photographs has its origin in a single painting called *Barfuss* (2008).

The nakedness of the feet is not only reminiscent of summer holidays but is also associated with freedom per se—maybe also the freedom to abandon social conventions.

By means of the variety of the clothing with their various materials, colors, and "fashionable" details, Sabine Dehnel shows us a multifaceted image of the young woman: although her figure doesn't change (her posture and gestures remain the same), the changing clothes always suggest another image of the body that wears them.

Here, the clothes—often also referred to as the second skin—symbolize the woman and her social affiliation, recognizable by fashionable dress codes. What, at first glance, appears to be a fashion shoot for a women's magazine, turns out to be just the opposite. The photographs go beyond an allegedly summer-like character. The reduction and concentration on the clothes, the serial processing, and the artificial character, which is even intensified by the self-made setting—also by playing with the pictorial aspects in an illusionist manner—generate these extraordinary woman's portraits.

What Sabine Dehnel does is consistent refusal. She not only refuses to give us one image of the woman but also anonymizes and de-personalizes the image of the woman as a whole.

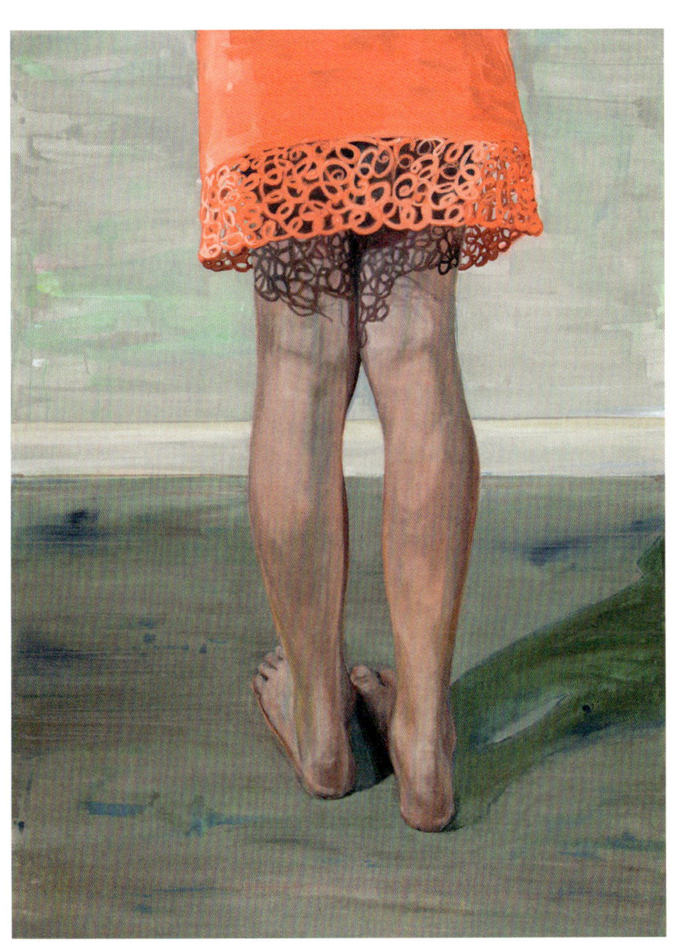

Barfuss, 2008

1 Sabine Dehnel im Gespräch mit dem Autor, Juni 2013.
2 Ebd.

in ihren fotografischen Selbstinszenierungen betrieben hat, in denen sie uns das ausweglose Maskenspiel der Frauen vorhält. Weiblichkeit ist Maskerade und immer wieder nur Verkleidung. So zeigen etwa Shermans *Untitled Film Stills* aus den 1970er- und 1980er-Jahren die weiblichen Stereotype der Filmwelt, die als Rollenklischees bildnerisch analysiert werden. Doch während Shermans Frauen in jener Serie vor allem in ihren ambivalenten Gefühlsmomenten dargestellt werden, blendet Dehnel direkte Emotionalität aus. Sie benötigt keine drastischen Gefühlsäußerungen, vielmehr konzentriert sie sich auf zwei Punkte: Kleidung und Körperhaltung. Bewusst nicht auf den ganzen Körper, sondern auf seine abgewandte Haltung. Das ist bei ihr der entscheidende Punkt, um den Körper nicht auf die Basis weiblicher Identität zu reduzieren. Dabei spielt sie mit den vermeintlich typischen Aspekten von Weiblichkeit. Die Vielfalt der Mode, aus der Frauen wählen können, schlägt sich in den Darstellungen vielfältiger Kleidungstücke nieder. In Schnitt, Farbe, Ornamentik und Stofflichkeit formt sich ein Bild, das zu einer Projektionsfläche der eigenen Geschichte wird. Dehnel beschreibt dies selbst wie folgt: »Je nachdem, wer das Bild betrachtet, ändert sich auch die Frau oder was man in den Frauen zu sehen glaubt. Die eigene Geschichte also.«[1]

Wie oben bereits erwähnt spielt der Aspekt Zeit in vielfältiger Form eine Rolle in Dehnels Werk. Da ist zum einen der lange Zeitraum, den man benötigt, um vom Kind zum Erwachsenen heranzureifen, um Selbstständigkeit und Identität zu erlangen. Dehnel zieht dazu mit ihrer zeitintensiven Arbeitsweise eine Analogie, über das Festhalten von Zeit in der Malerei, wo Zeit Schicht um Schicht in die Leinwand eingeschrieben wird, und über das minuziöse Aufarbeiten von Kulissen und Requisiten in der inszenierten Fotografie. Das Wachsen der Werke bezeichnet sie als eine »Art Kokon, ein mit Zeit gefülltes Vakuum von sinnlich körperlicher Arbeit, die an der Oberfläche und in den Motiven ihre Entsprechung finden«.[2]

Ein »Rollenspiel« par excellence zeigt die Serie inszenierter Fotografien *Portrait* von 2008. In diesen großformatigen »Konstruktionen der

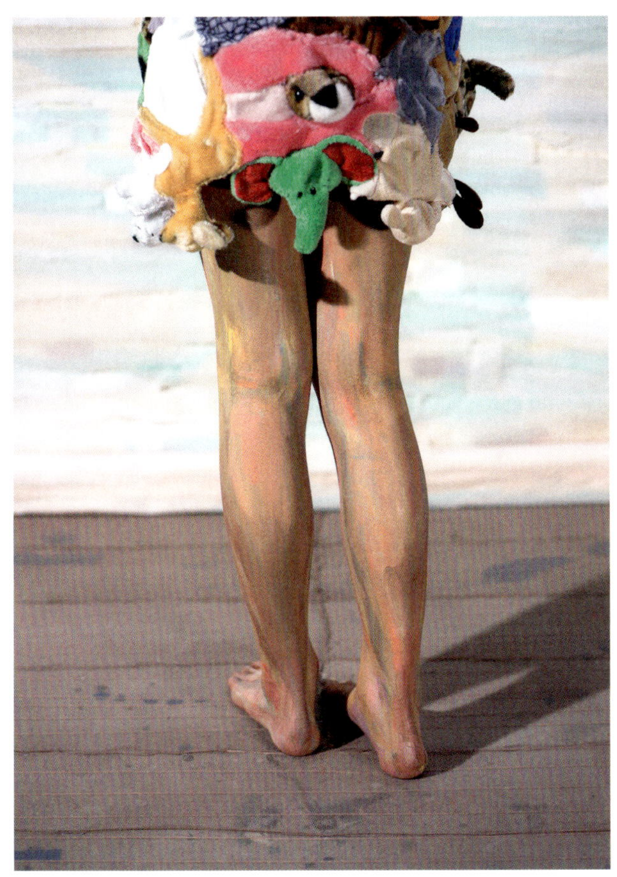

Barfuss VI, 2009

1 Sabine Dehnel in an interview
with the author, June 2013.

Basically, the *Barfuss* series in all of its forms follows the same attitude that also characterizes the photographic self-staging of the American artist Cindy Sherman, in which she portrays the desperate masque of women. Femininity is masquerading and—again and again—nothing more than disguising. For example, Cindy Sherman's *Untitled Film Stills* from the nineteen-seventies and eighties show the female stereotypes in the world of movies, which are pictorially analyzed as role clichés. However, where Cindy Sherman's women in that series are mainly presented in their ambivalent emotional moments, Sabine Dehnel fades direct emotionality out. She doesn't need drastic demonstrations but focuses on two points: clothes and posture—deliberately not on the whole body but on its averted stance. For her, this is the decisive point in order not to reduce the body to the basis of female identity. In doing so, she plays with the allegedly typical aspects of femininity. The variety of fashion, from which women can select, is reflected in the representation of various clothes. Section, color, ornamentation, and consistency produce an image that turns into the projection screen of its own story. Sabine Dehnel describes this as follows: "Depending on who views the image, the woman—or what we think we see in the women—changes: so, our own story."[1]

As already mentioned, the aspect of time plays a versatile role in Sabine Dehnel's works. On the one hand, there is the long time that we need to grow from a child to an adult in order to achieve independence and identity. To this end, Sabine Dehnel, with her time-consuming method, creates an analogy about the catching of time in painting, where time is written into the canvas layer by layer, and about the meticulous finishing of settings and props in the arranged photography. She describes

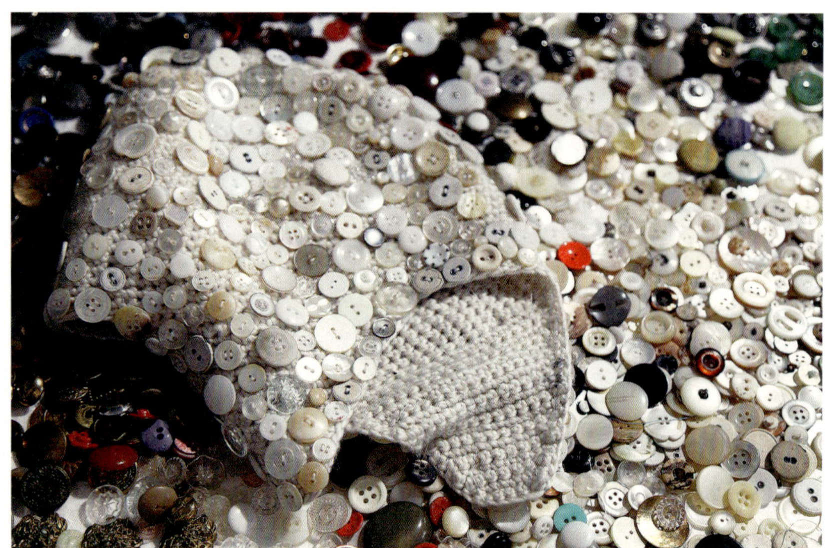

Mütze mit Knöpfen / Cap with various buttons

Wirklichkeit«, die diese nicht wiedergeben, sondern selbst eine Gegenwart bilden, stehen dreizehn Frauen in gleicher Haltung, leicht versetzt mit dem Rücken zum Betrachter, vor einer nicht näher definierbaren Naturkulisse. Der grünlich schimmernde Hintergrund wird von schmalen Zweigen durchzogen. Aufgrund der leicht seitlichen Drehung der Köpfe im Dreiviertelprofil, der klassischen Porträtposition, werden Teile ihrer Gesichter erkennbar, die – wie alle anderen Hautpartien – mit Schminke bemalt sind. Dehnel zeigt uns in dieser Serie unterschiedliche Frauentypen, deren Charakterisierung über ihre wechselnden Kopfbedeckungen in Kombination mit der Kleidung und dem Ohrschmuck vorgenommen werden.

Vergleichbar einer Bühnenbildnerin im Theater entwirft Dehnel nicht nur illusionistische Räume für ihre Modelle, sondern die Bühnengarderobe gleich mit. Die Kopfbedeckungen variieren zwischen exotischen, von der Künstlerin selbst entworfenen sowie »herkömmlichen« wie Kopftuch, Badehaube, Stirnbänder und in die Haare geflochtene Bänder bis hin zur Glatze. Sie verweisen teils konkret, teils frei assoziativ auf gesellschaftliche Rollenzuschreibungen. In ihrer Gesamtheit stellen diese dreizehn Frauentypen ein breit gefächertes Gruppenporträt dar. Innerhalb dieses Rahmens wird die Einzelne nicht nivelliert, sondern in einer gesamtgesellschaftlichen Wirklichkeit neu erfasst. Dabei zeigt Dehnel uns ein mehrschichtiges Frauenbild innerhalb eines heterogenen Gesellschaftsbildes. Trotz aller für die Globalisierung typischen Uniformitätsversuche lässt sich Gesellschaft eben nicht als Ganzes einheitlich abbilden. Was für die Darstellung ihrer fragmentierten Frauenbilder gilt, gilt genauso für ihr künstlerisches Gesellschaftsbild. Dieser Begriff umfasst in den

2   Ibid.

the growing of her works as a "kind of cocoon, an air-filled vacuum of sensually physical works, which find their analogy at the surface and in the motif."[2]

A "role play" par excellence can be seen in the *Portrait* series of arranged photographs from 2008. These large-format "constructions" of reality, which do not reflect this reality but form a presence themselves, show thirteen women in the same posture, slightly staggered with their backs toward the viewer, in front of an undefinable natural setting. The shimmering green background is honeycombed with thin tree branches. Due to the slightly lateral rotation of the heads in the three-quarter profiles—the classic portrait position—we can see parts of their faces, which, like all of the other areas of the skin, are painted with makeup. In this series, Sabine Dehnel shows us different types of women, whose characterization is based on their changing headdresses in combination with clothing and earrings.

Comparable to a stage designer in the theater, Sabine Dehnel designs not only illusionist spaces for her models but also the attire. The headdresses vary between exotic, self-designed, and "conventional" headscarves, swimming caps, headbands and bands woven into the hair, and even include a bald head. They are meant as a partially concrete, partly free reference to social role ascriptions. In their entirety, these thirteen women represent a widely spread group portrait. Within this scope, the individual is not leveled but newly embraced in a reality in society as a whole. In doing so, Sabine Dehnel shows us a multilayered image of women within a heterogeneous

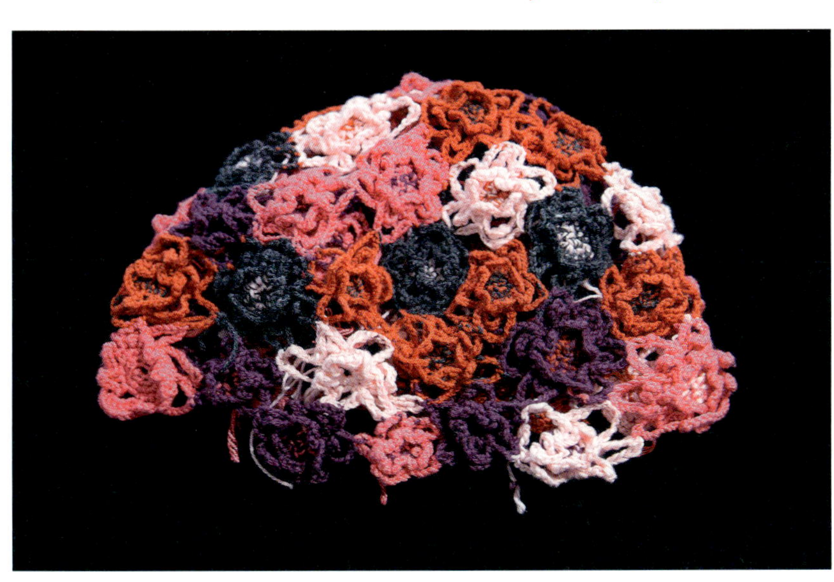

Blumenhaube / Flower hat

3 Marc Peschke, »Sensibilisierung der Wahrnehmung«, Interview mit Sabine Dehnel, in: *Photoscala. Internationales Magazin für Fotografie*, 14.6.2009, online unter http://www.photoscala.de/Artikel/Sensibilisierung-der-Wahrnehmung (Stand: 25.2.2013).

Sozialwissenschaften Vorstellungen über die engere und weitere soziale Umwelt. Dehnel zeigt, dass Frauen viele Gesichter haben können. Ihre Wahrnehmung basiert aber auf dem jeweiligen Betrachterstandpunkt und dessen Perspektive. Sie stellt in ihrer Zeitgebundenheit Bezüge her, die eine Gesellschaft immer als eine im Fluss befindliche Form des menschlichen Zusammenlebens zeigt.

Sabine Dehnels Ausgangspunkt ist sie selbst. Aus dieser subjektiven Perspektive startet sie eine ästhetische Versuchsanordnung: »Eine bildliche Vorlage wird von einem Medium in ein anderes Medium übertragen: Der Weg der Umwandlung führt vom Trivialfoto und der daraus resultierenden Fotocollage über die Malerei zum nachgebauten ›lebendigen Bild‹ einer temporären Installation, ehe er schließlich in einem C-Print endet.«[3] Innerhalb der *Playground*-Arbeiten aus den Jahren 2008 bis 2010 verortet sie junge und ältere Frauen in Turnhallen. Genauer gesagt in einen Ausschnitt des Bodens, der die unterschiedlichen Spielfeldbegrenzungen zeigt. Die sportliche Vergangenheit der Künstlerin führte sie als Volleyballspielerin in unzählige Wettkampfstätten auf der Welt. Für die Installation im Atelier wurden die Linien mit Latexbändern nachempfunden, vom Boden gelöst und quer durch den Raum gespannt. Die Kleidung ist hauptsächlich ihrer Umgebung angepasst, kann aber auch konträr zu ihr sein. Hierdurch steigert die Künstlerin die Bewegung der Modelle und damit die Dynamik innerhalb der Bildkomposition. Insgesamt strahlen diese Werke eine starke Vitalität aus, ohne dabei ihre poetische Einsamkeit einzubüßen.

Dehnel verbindet auch hier selbst erlebte und gesehene Bilder zu einer neuen »Konstruktion der Wirklichkeit«. Die Form der Behandlung erinnert dabei entfernt an ein Palimpsest. Bei diesen antiken Manuskripten wurde die ursprüngliche Schrift – bei Papyrus durch Abwischen, bei Pergament durch Radieren mit Bimsstein – beseitigt und durch eine neue ersetzt. Die Künstlerin überlagert ebenfalls Schicht um Schicht, indem sie rekonstruiert und anschließend überschreibt beziehungsweise übermalt.

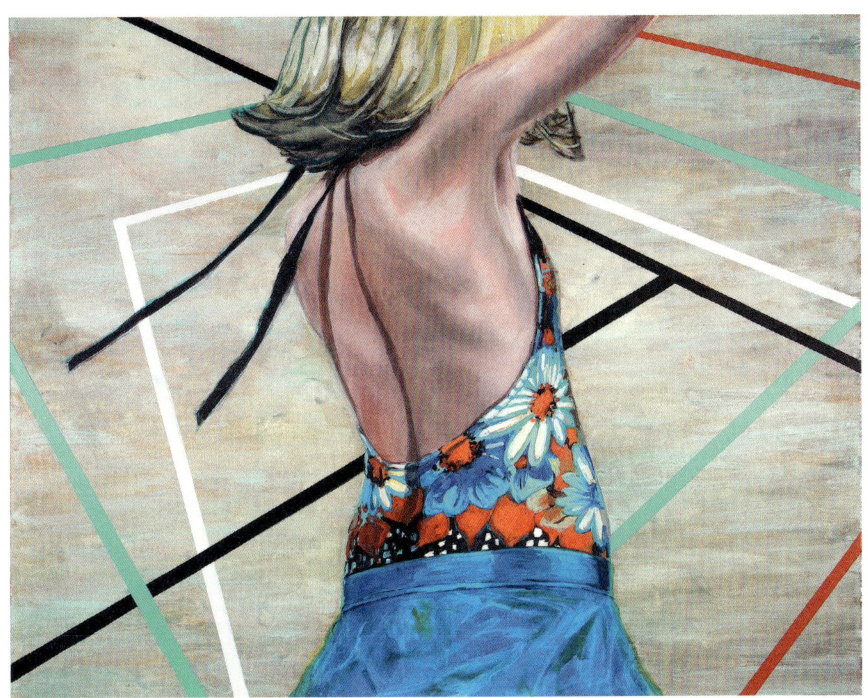

Tempelhof, 2010

3 "Sensibilisierung der Wahrnehmung," interview with Sabine Dehnel, in *Photoscala. Internationales Magazin für Fotografie* (June 2009), http://www.photoscala.de/Artikel/Sensibilisierung-der-Wahrnehmung (accessed July 7, 2013).

image of society. Despite all uniformity attempts, which are so typical to globalization, it is not possible to uniformly represent society as a whole. What is good for the representation of her fragmented images of women is also good for her artistic image of society. In the social sciences, the concept of the image of society includes concepts about the closer and wider social environment. Sabine Dehnel shows us that women can have many faces. The way they are perceived, however, depends on the viewer's specific point of view and perspective. With her dependence on time, she establishes references that portray a society as a constantly flowing form of human cohabitation.

Sabine Dehnel's starting point is she herself. From this subjective perspective, she starts an aesthetic experimental arrangement toward a generally accepted image of women. "A pictorial model is transferred from one medium to another: the transfer leads from the trivial photograph and resulting photo collage to the painting and the copied 'living image' of the temporary installation before resulting in a C-print."[3] Within the *Playground* works from the years between 2008 and 2010, she positions young and older women in gyms; more precisely, in a section of the floor, which shows the various boundary lines. As a former volleyball player, the artist has seen numerous competition sites all over the world.

For the installation in the studio, the boundary lines were copied with latex bands, lifted from the floor and stretched across the room. The clothes are mainly matched with their environment but can also be in

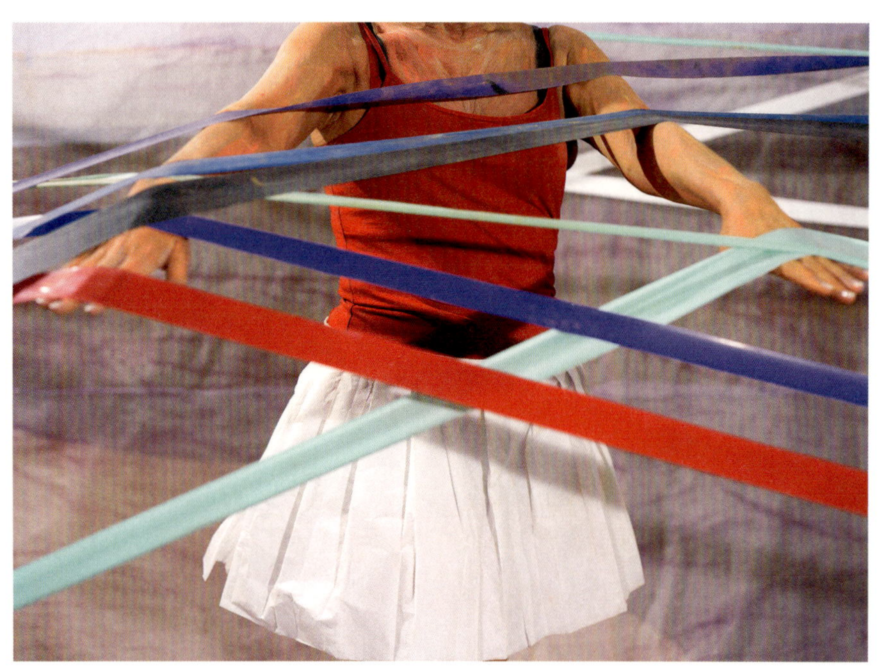

Linda V, 2009

Sie bezeichnet dies als Reframing. Dieser Begriff (auf Deutsch Umdeutung) stammt von der Therapeutin Virginia Satir, die ihn im Zusammenhang mit der systemischen Familientherapie entwickelte. Durch Umdeutung einer Situation kann dieser eine andere Bedeutung zugewiesen werden, indem man versucht, die Situation in einem anderen Kontext (Rahmen) zu sehen. Satir orientierte sich an einem Bilderrahmen, der den Ausschnitt des Gesamtbildes definiert und gleichzeitig unsere Sicht eingrenzt. Im Verlassen dieser geistigen Festlegungen können neue Vorstellungen und Deutungsmöglichkeiten entstehen. Bei Dehnel dient insbesondere die Ornamentik der Kleidung als Schlüsselreiz, um Erinnerung zu revitalisieren (vor allem jene aus der Zeit der 1970er-Jahre). In Kombination mit aktuellen Schnitten überbrücken diese modischen Attitüden eine zeitliche Gebundenheit. Das Springen zwischen den Zeiten entspricht dem Springen zwischen den Medien – vergleichbar der Erinnerung selbst, die immer auch ein Hin und Her beinhaltet.

Wie viel von Sabine Dehnels eigener Geschichte in ihren Werken steckt, zeigt sich an der inszenierten Fotografie *Mona XII*: Das Modell ist sie selbst. Im Amulett trägt sie ein Bildnis von Diane Arbus, die sich 1971, dem Geburtsjahr der Künstlerin, das Leben genommen hat. Beim Besuch einer Arbus-Ausstellung im Berliner Martin-Gropius-Bau sah sie 2012 zwei Schwarz-Weiß-Selbstporträts der schwangeren Künstlerin. Dehnel, zu diesem Zeitpunkt selbst schwanger, wählte Arbus für ihr Amulettporträt und schminkte ihre Hautpartien dafür in Anlehnung an die Fotografien

contrast to it. This makes it possible for the artist to increase the models' movement and, thus, the dynamics within the image composition. Altogether, the works are characterized by a strong vitality without losing their poetic loneliness.

Here, Sabine Dehnel also combines experienced and seen images to form a new "construction of reality." In this respect, the form of treatment is slightly reminiscent of a palimpsest. When using these antique manuscripts, the initial text was removed—by wiping off (papyrus) or by erasing with a pumice stone (parchment)—and replaced with new text. The artist also superimposes layer by layer by reconstructing and then writing or painting over it. She describes this technique as "reframing." This term was introduced by the therapist Virginia Satir, who developed it in connection to systemic family therapy. By reframing a situation, it is possible to give it another meaning by trying to see the situation in another context (frame). Satir oriented herself toward a picture frame, which defines the detail of the overall picture, while limiting our view. When leaving these mental definitions, new ideas and interpretation possibilities can emerge. Especially the ornamentation of the clothing serves as a key incentive to revitalize memory (mainly that memory of the era of the nineteen-seventies). In combination with up-to-date cuts, the fashionable attitudes bridge a dependence on time. Switching between times corresponds to switching between media—comparable to memory itself, which also always includes a back and forth.

How much of Sabine Dehnel's own story can be found in her works and can be seen in the arranged *Mona XII* photograph: she herself is the model. The amulet that she wears frames a

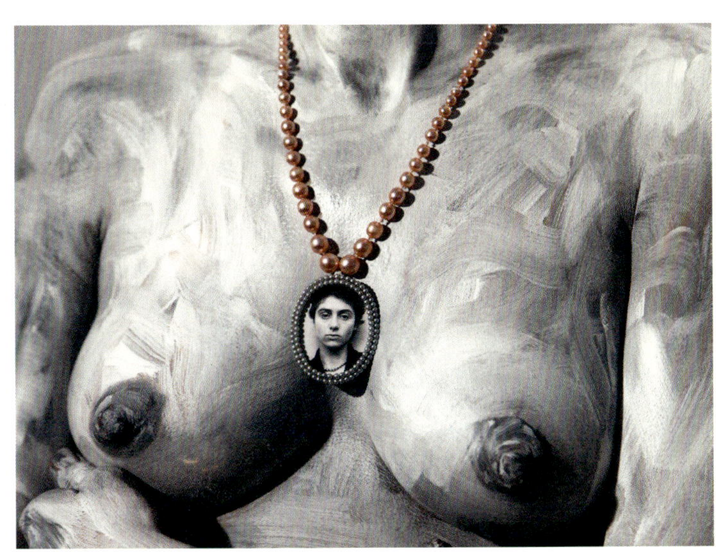

Mona XII (Diane Arbus), 2013

schwarz-weiß. Dies zeigt exemplarisch, wie Sabine Dehnel Frauenbildnisse wiedergibt: als eine vielschichtige Konstellation von inneren und
äußeren Faktoren, die im Ergebnis ein gültiges Bild der Frau nicht zulas-
sen. Es sind viele Bilder für viele Frauen.

picture of Diane Arbus, who committed suicide in 1971, the artist's year of birth. In 2012, when visiting an Arbus exhibition at Martin-Gropius-Bau in Berlin, Sabine Dehnel saw two black-and-white self-portraits of the pregnant artist. Being herself pregnant as well, she chose Arbus for her amulet portrait and, in the style of the photographs, painted her skin in black and white. This is an example of how Sabine Dehnel reproduces images of women: as a multilayered constellation of internal and external factors, which, all in all, do not allow for a valid image of women. There are many images for many women.

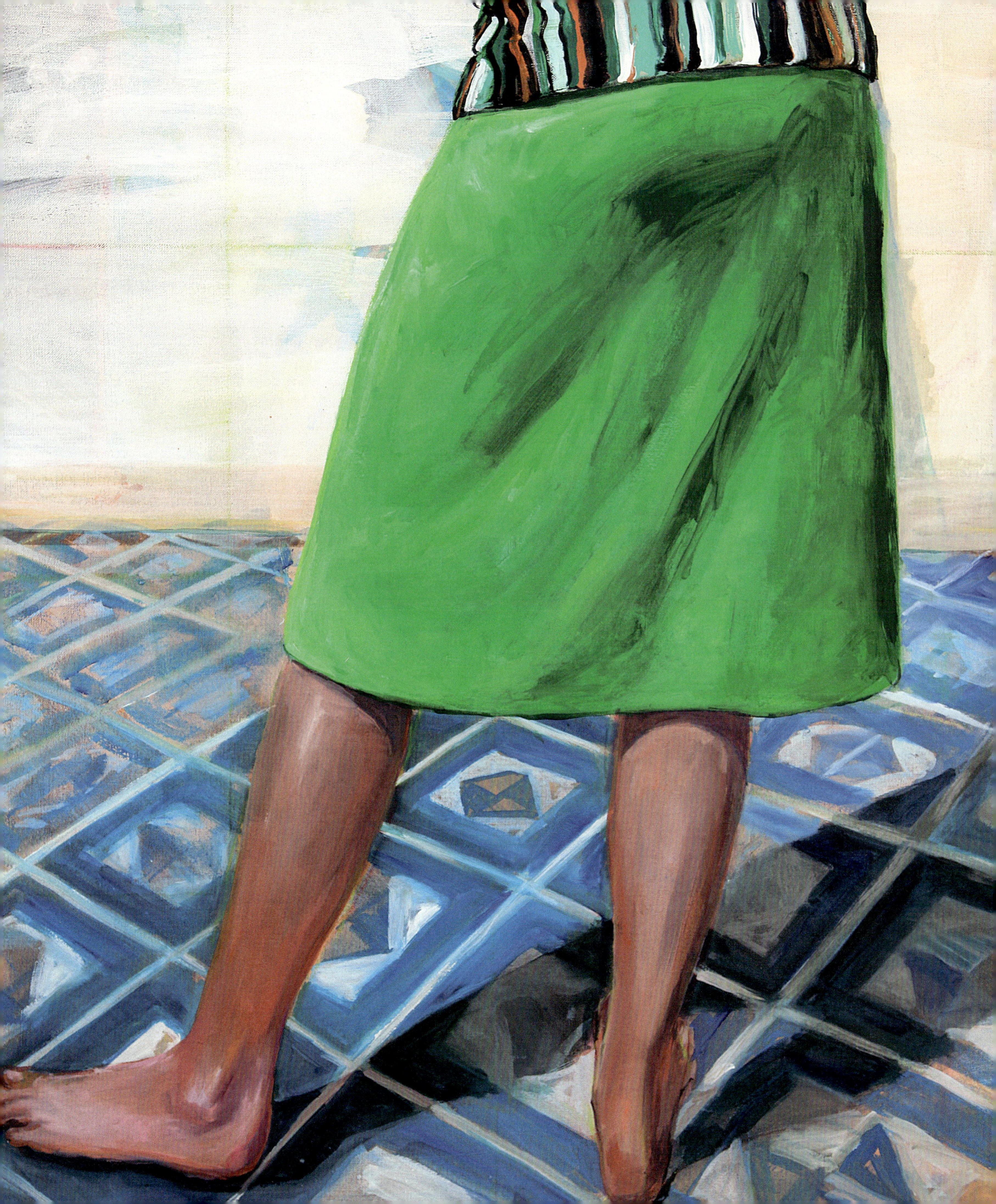

"THE PATH SHE HAS CHOSEN HAS HARDLY BEEN TRODDEN ON . . .
»DIE ROUTE, DIE SIE EINGESCHLAGEN HAT, IST KAUM BEGANGEN. […]
MEMORIES, FOR EXAMPLE, CAN BE STORED.
ERINNERUNGEN LASSEN SICH BEISPIELSWEISE SPEICHERN.
THEY HAVE THEIR OWN SHELF LIFE AND, ONCE IT EXPIRES, THEY CAN BE GIVEN
SIE HABEN IHRE EIGENE VERFALLSZEIT, BIS SIE IN ANDEREN ZUSAMMENHÄNGEN
A NEW AND AUTONOMOUS LIFE IN A DIFFERENT CONTEXT."
ZU EINEM NEUEN, EIGENSTÄNDIGEN LEBEN ERWECKT WERDEN.«
KLAUS GALLWITZ

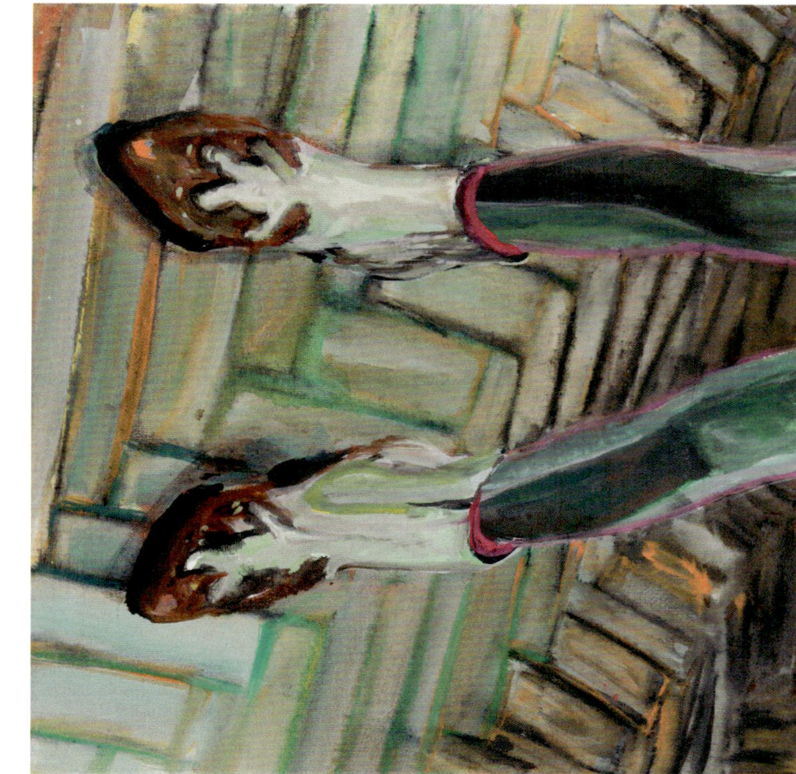

Fiona, 2010

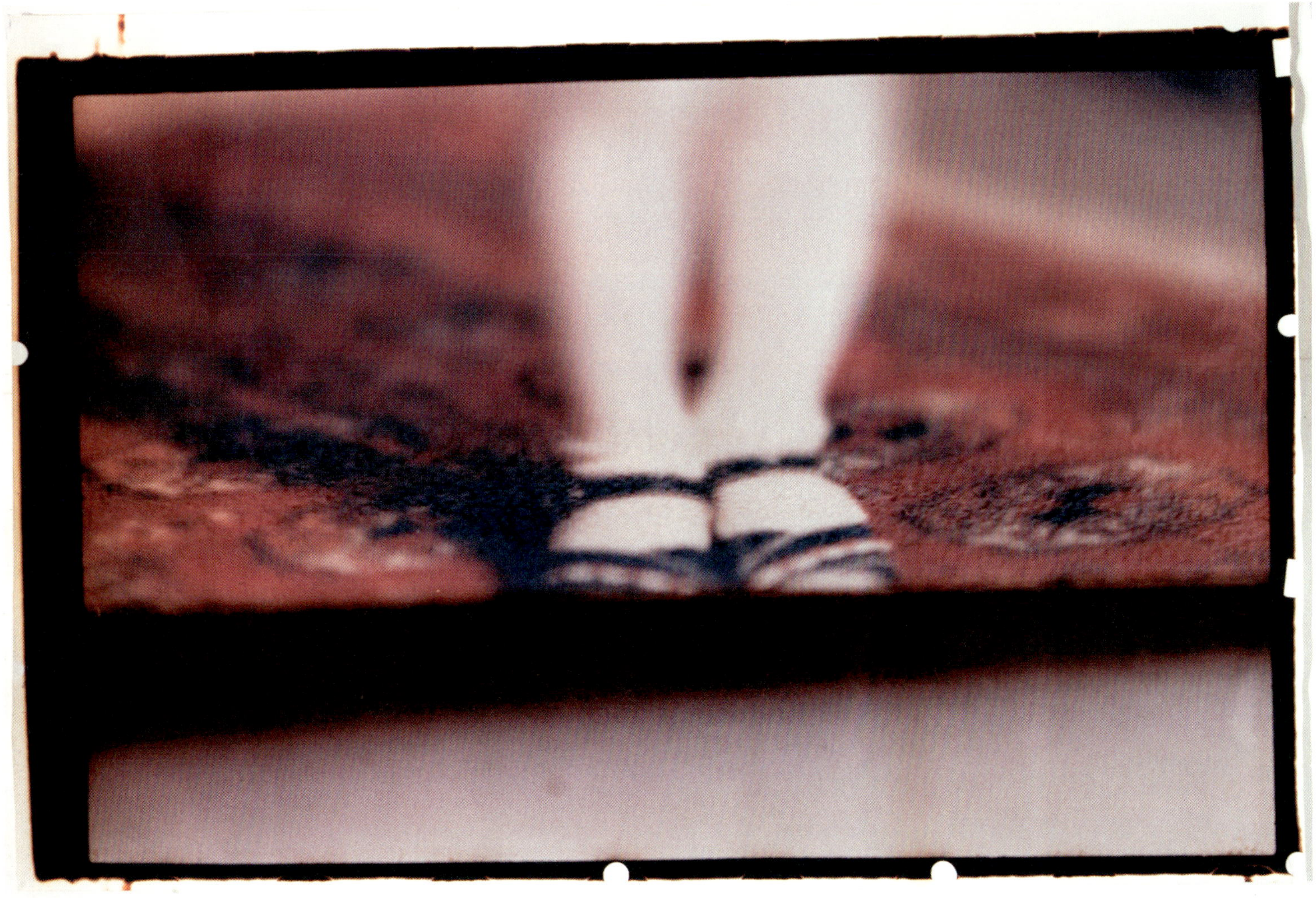

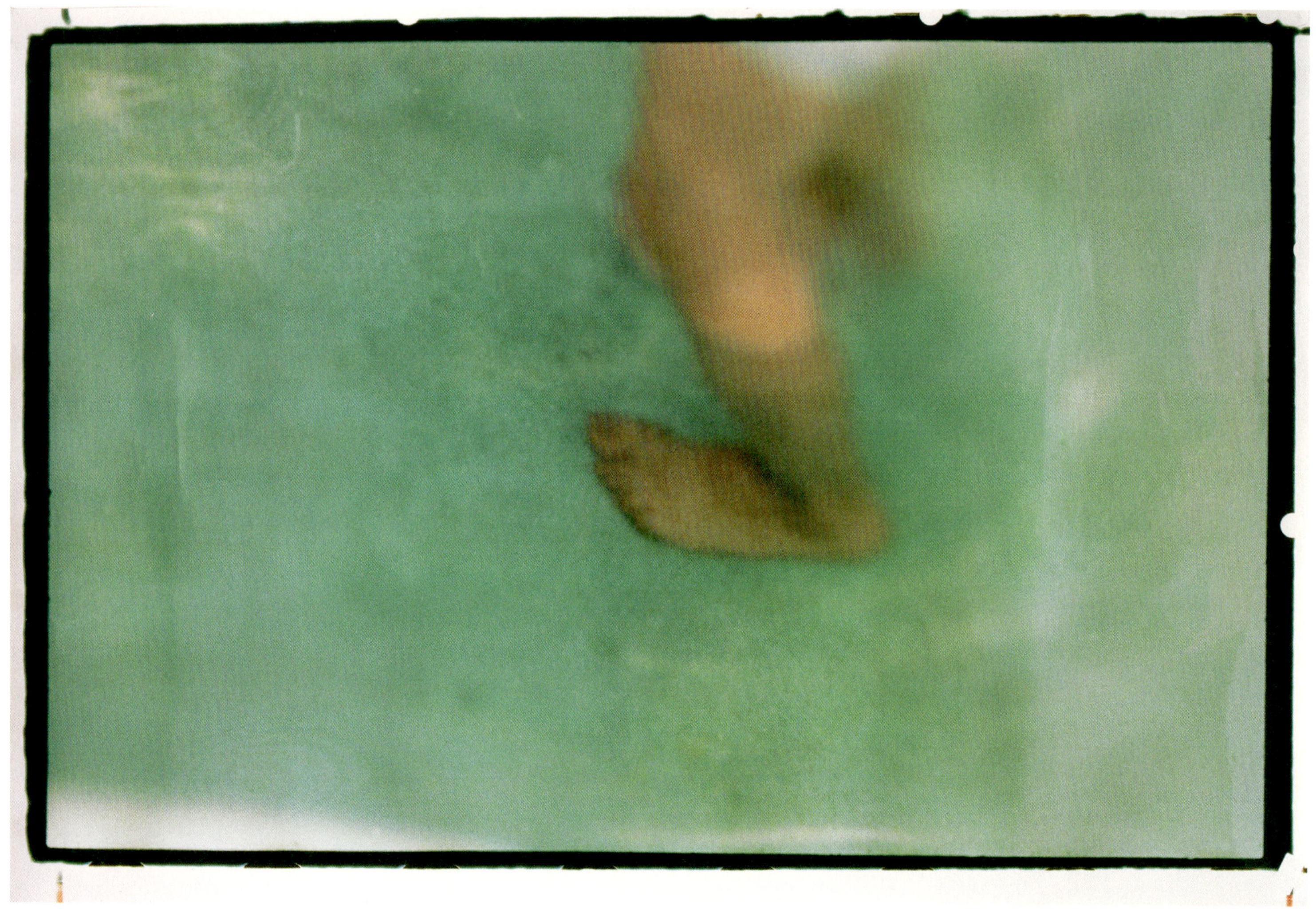

Im Wasser, 1998

"WHENEVER AN EXPERIENCE, WHICH I TALK ABOUT
OR RECONSTRUCT PICTORIALLY, RISES TO THE SURFACE,
A PORTION OF THE ORIGINAL STORY LINE IS TRANSCRIBED."

»IMMER WENN EIN ERLEBNIS AN DIE OBERFLÄCHE GELANGT,
ICH DAVON ERZÄHLE ODER ES BILDLICH REKONSTRUIERE,
WIRD EIN TEIL DER URSPRÜNGLICHEN GESCHICHTE ÜBERSCHRIEBEN.«

SABINE DEHNEL

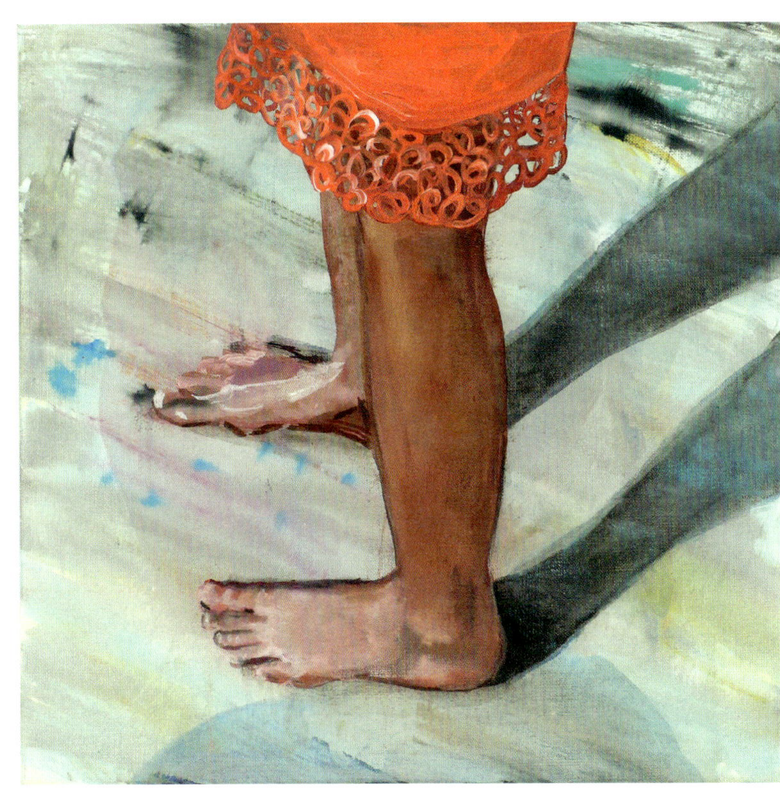

»WENN SABINE DEHNEL HEUTE DAS FOTOGRAFISCHE MEDIUM NÖTIGT,
"IF SABINE DEHNEL URGES PHOTOGRAPHY TO IMITATE PAINTING TODAY,
DAS MALERISCHE NACHZUAHMEN,
SHE DOES SO KNOWINGLY, INSPIRING, PARADOXICALLY, THE REVERSE."
VOLLZIEHT SIE WISSENTLICH EINEN PARADOXEN UMKEHRSCHLUSS.«
SIGRUN HELLMICH

Ava, 2008

"THE ARTIST BUILDS SCENERY EXTRAVAGANTLY, LOOKS FOR CLOTHES
»AUFWENDIG BAUT DIE KÜNSTLERIN KULISSEN, SUCHT NACH KLEIDUNG,
WHICH RESEMBLE THE PAINTED ONES,
DIE DER GEMALTEN ÄHNELT ODER FERTIGT SIE
OR ARTFULLY CRAFTS THEM AS APPLIQUÉS."
ALS KUNSTVOLLE APPLIKATION SELBST AN.«
SIGRUN HELLMICH

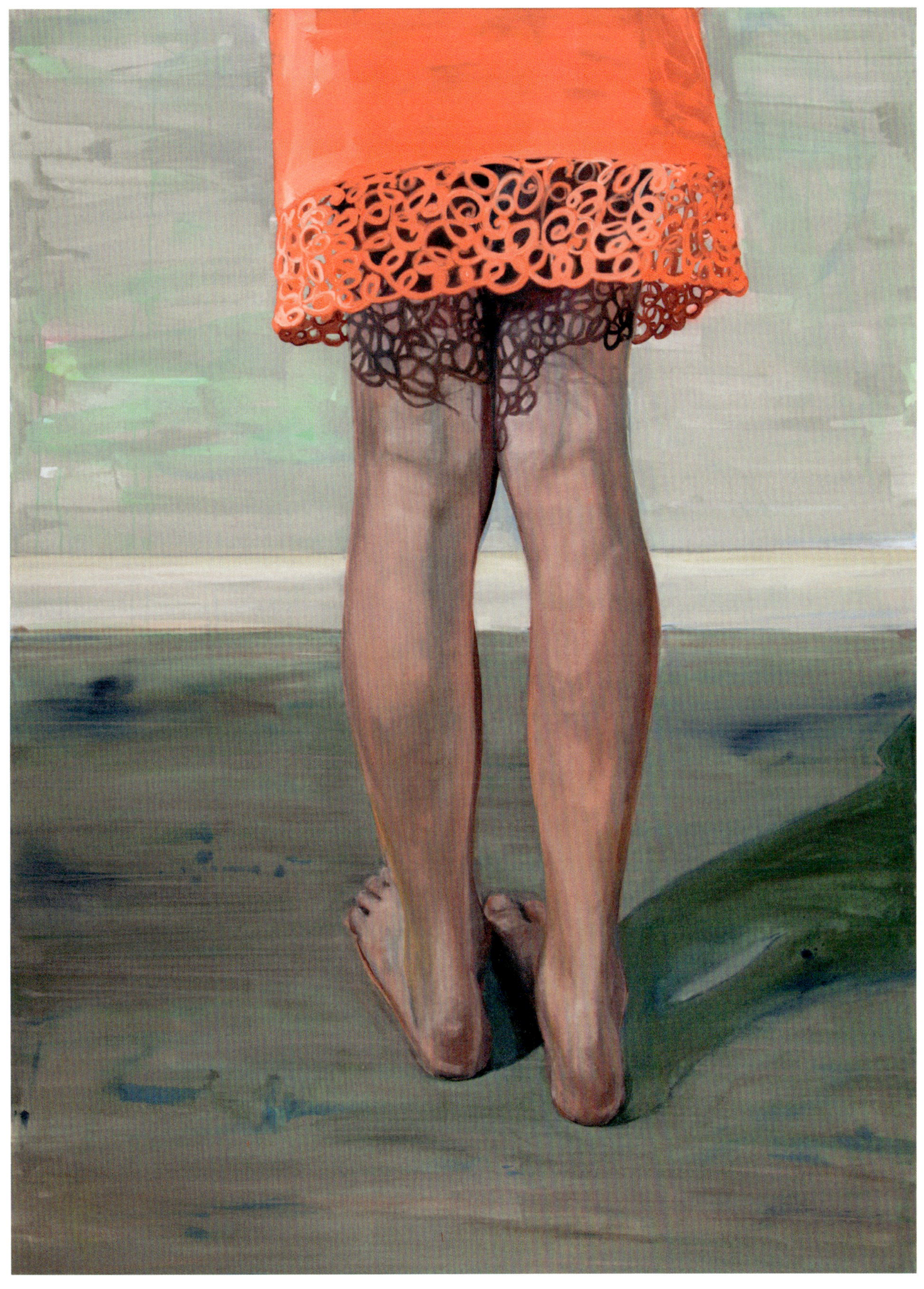

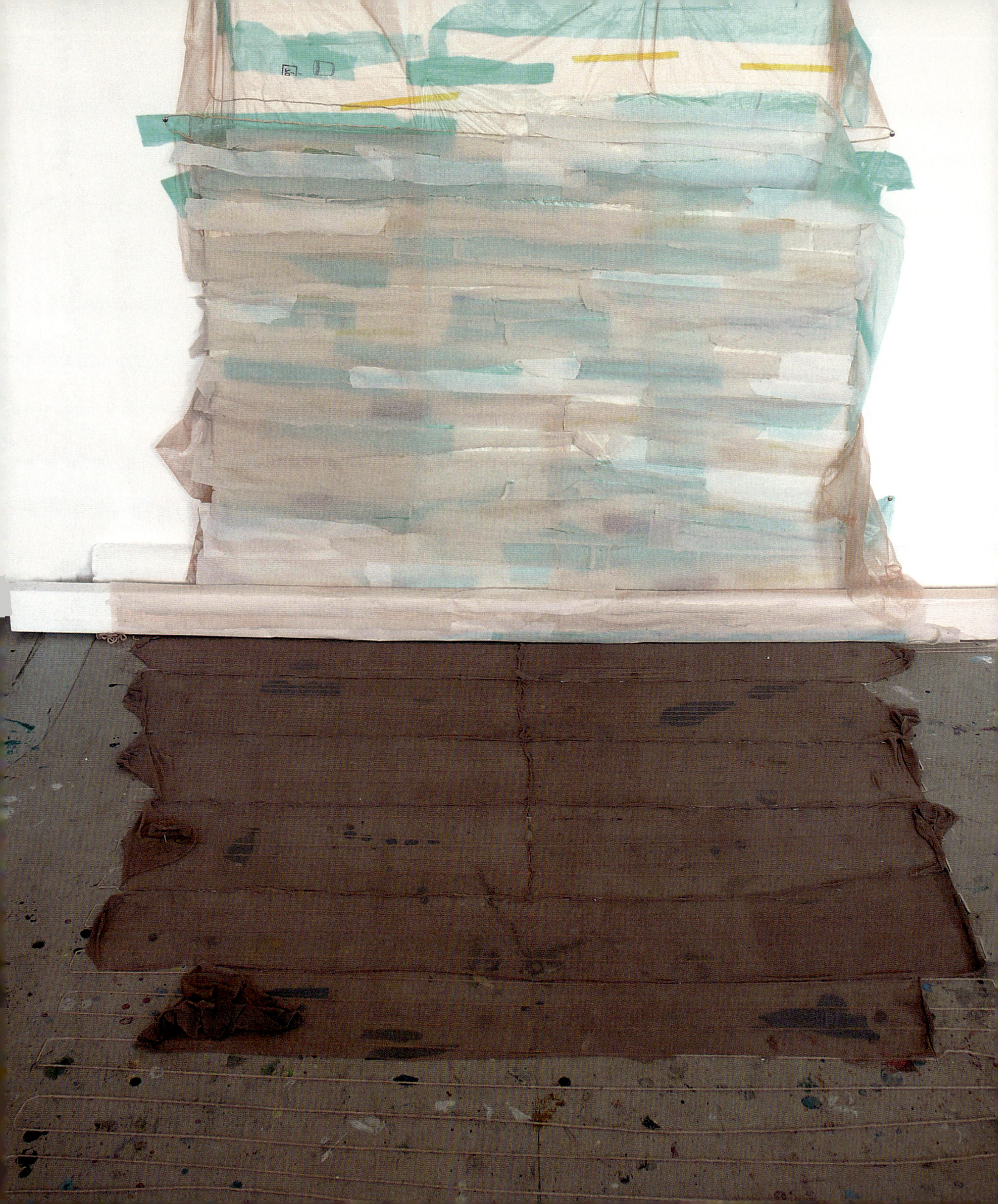

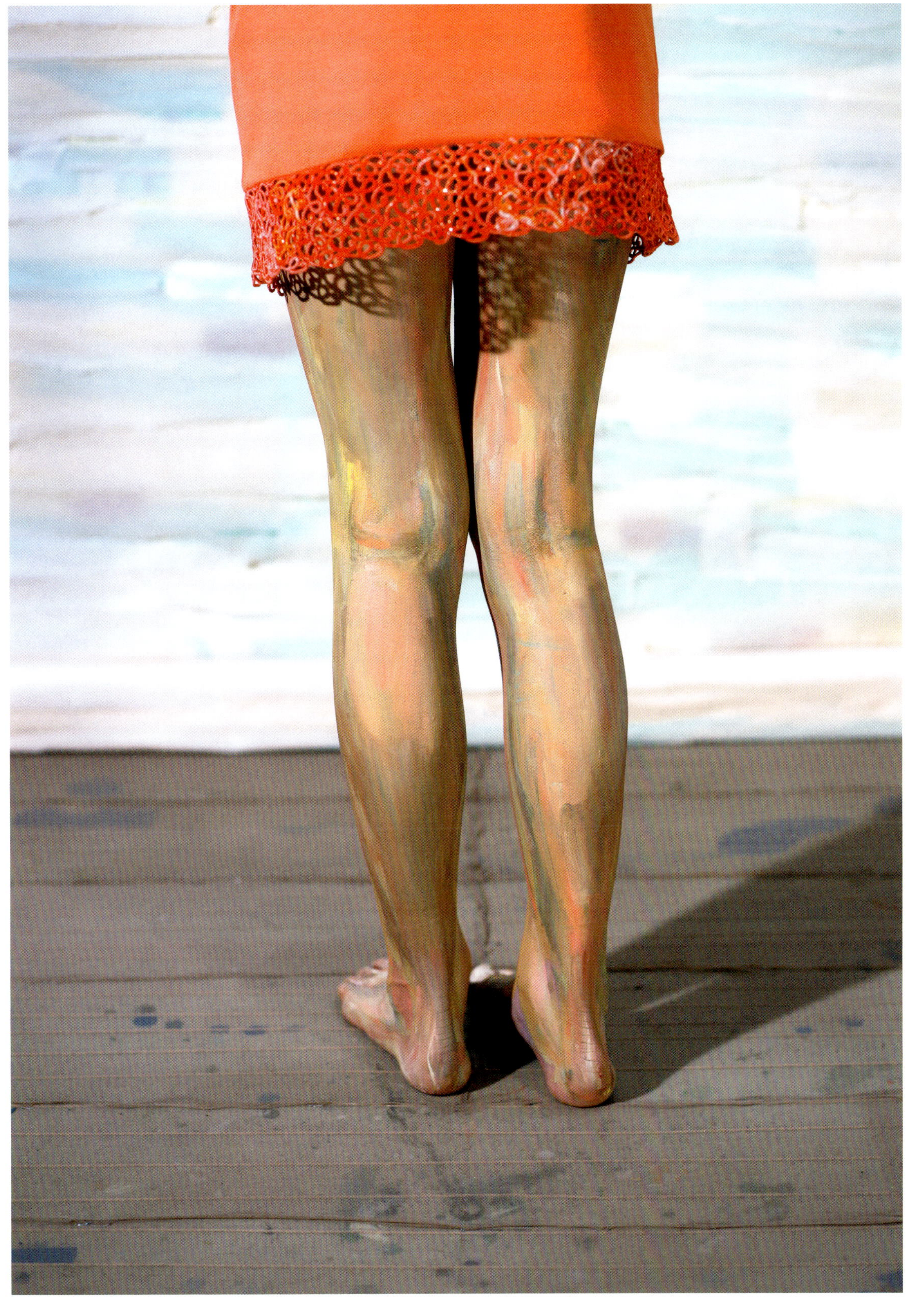

Barfuss I, 2009

Installation für *Barfuss*, 2009: Styropor, diverse
Stoffe, Papiere / Installation for *Barfuss*, 2009:
styrofoam, various fabrics, papers
180 x 180 x 200 cm

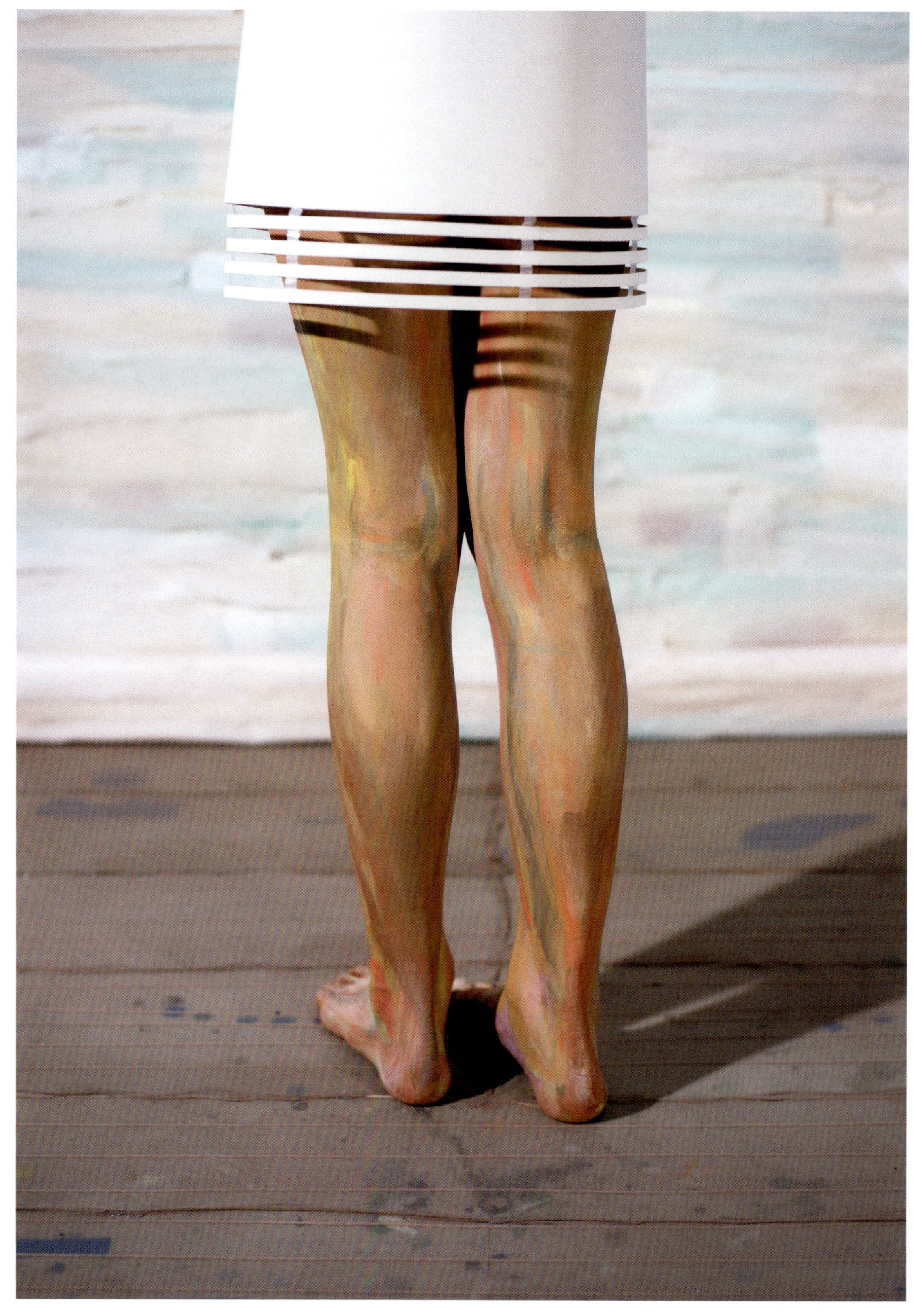

Barfuss III, 2009

138

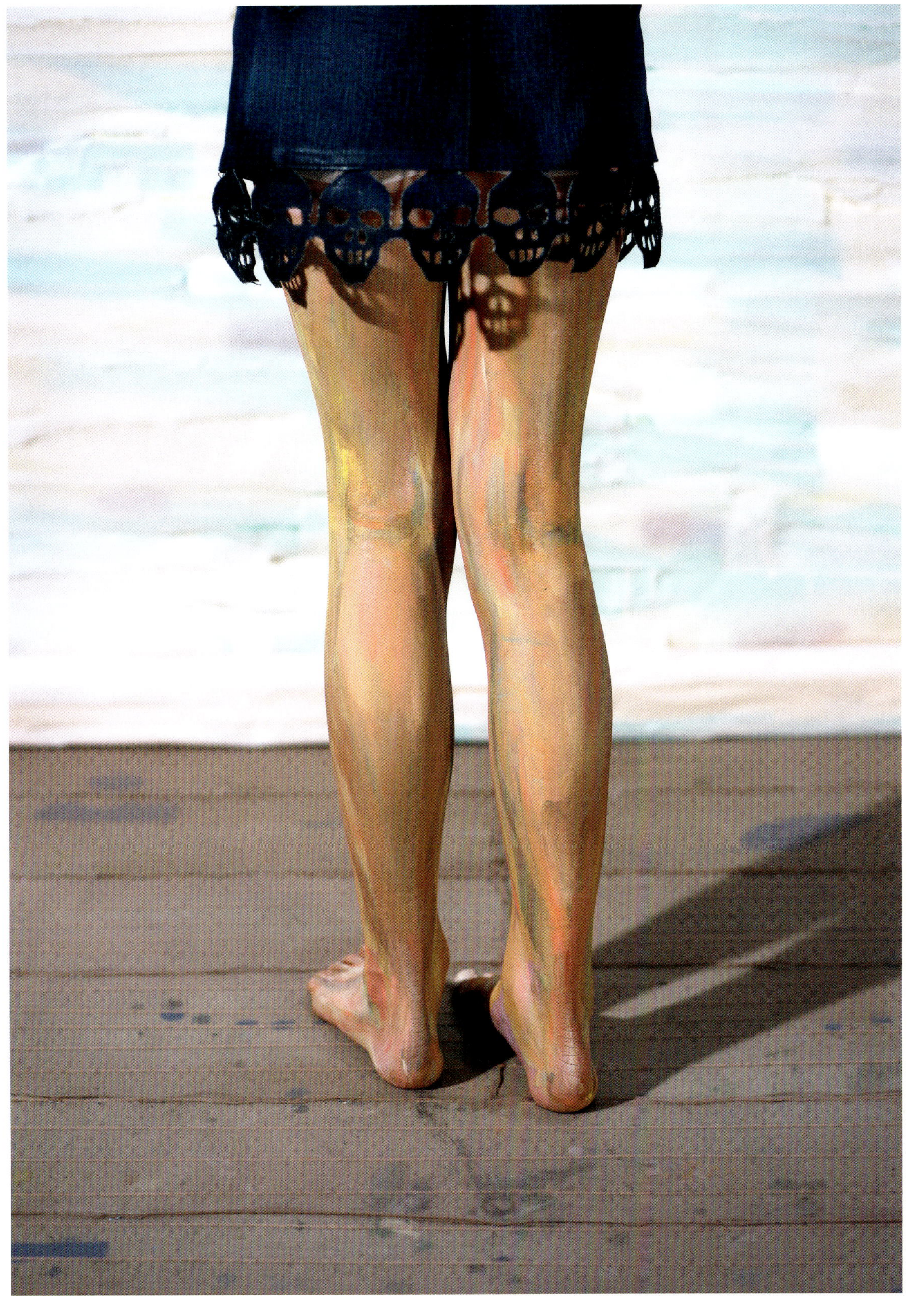

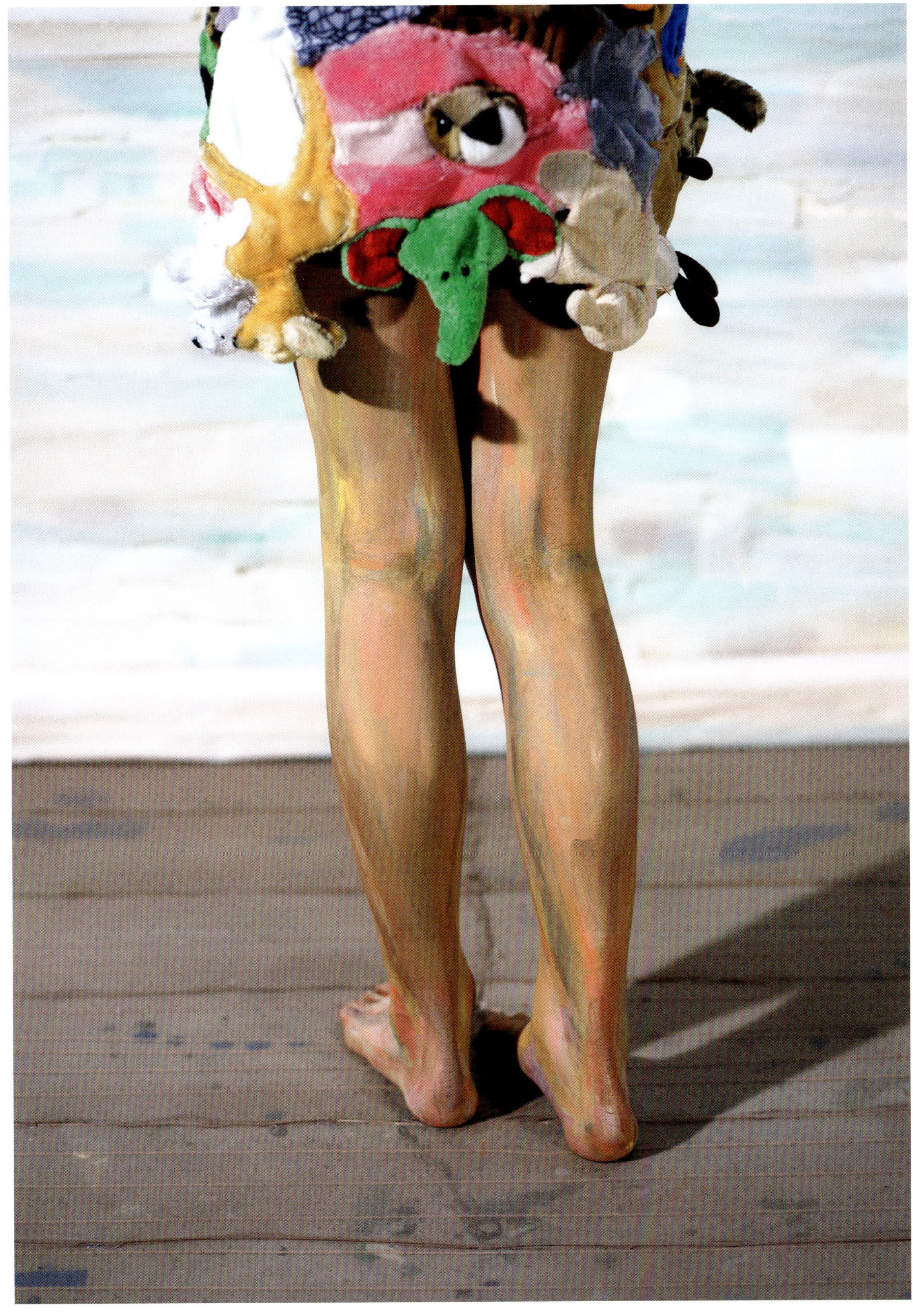

141

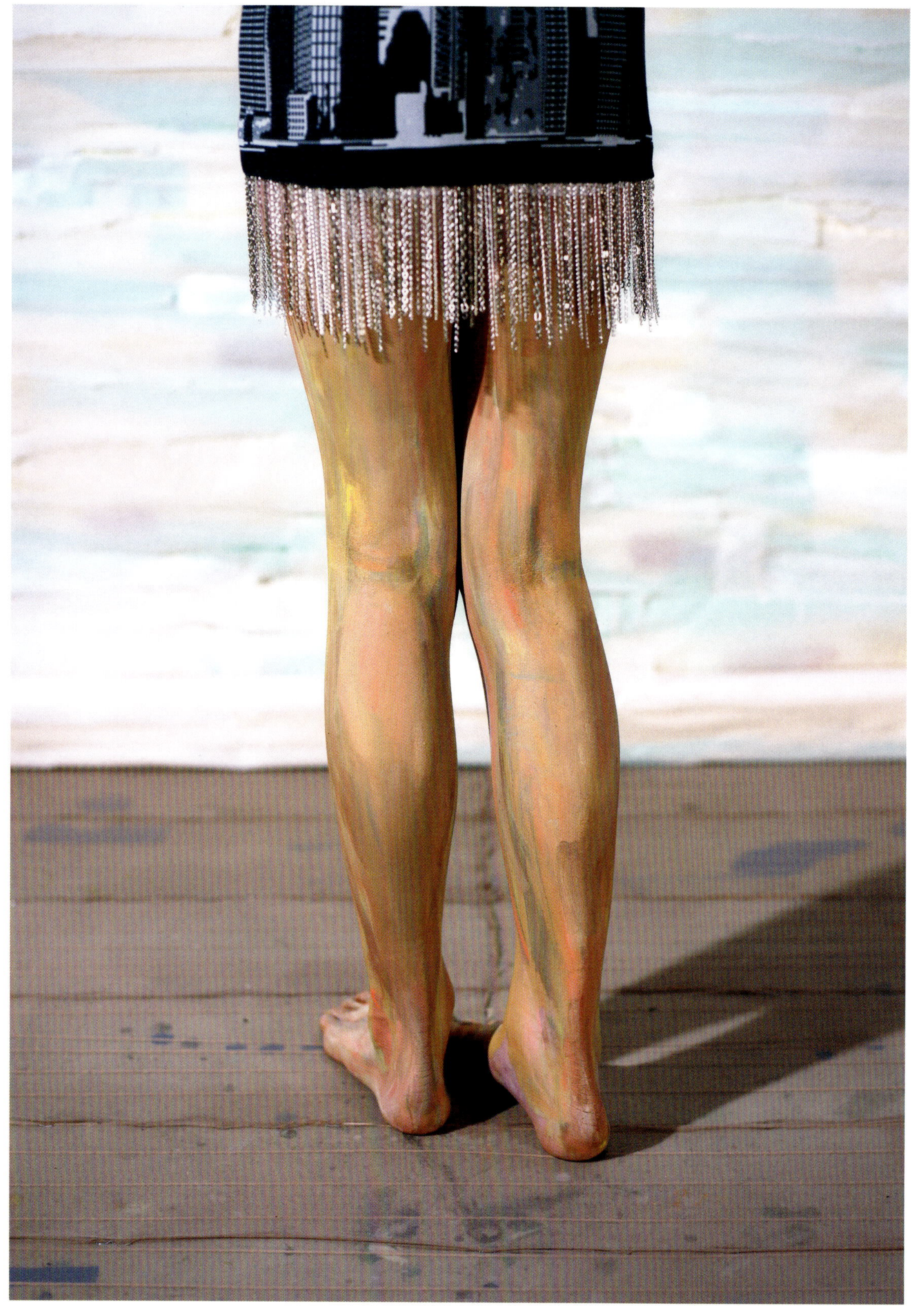

Barfuss II, 2009

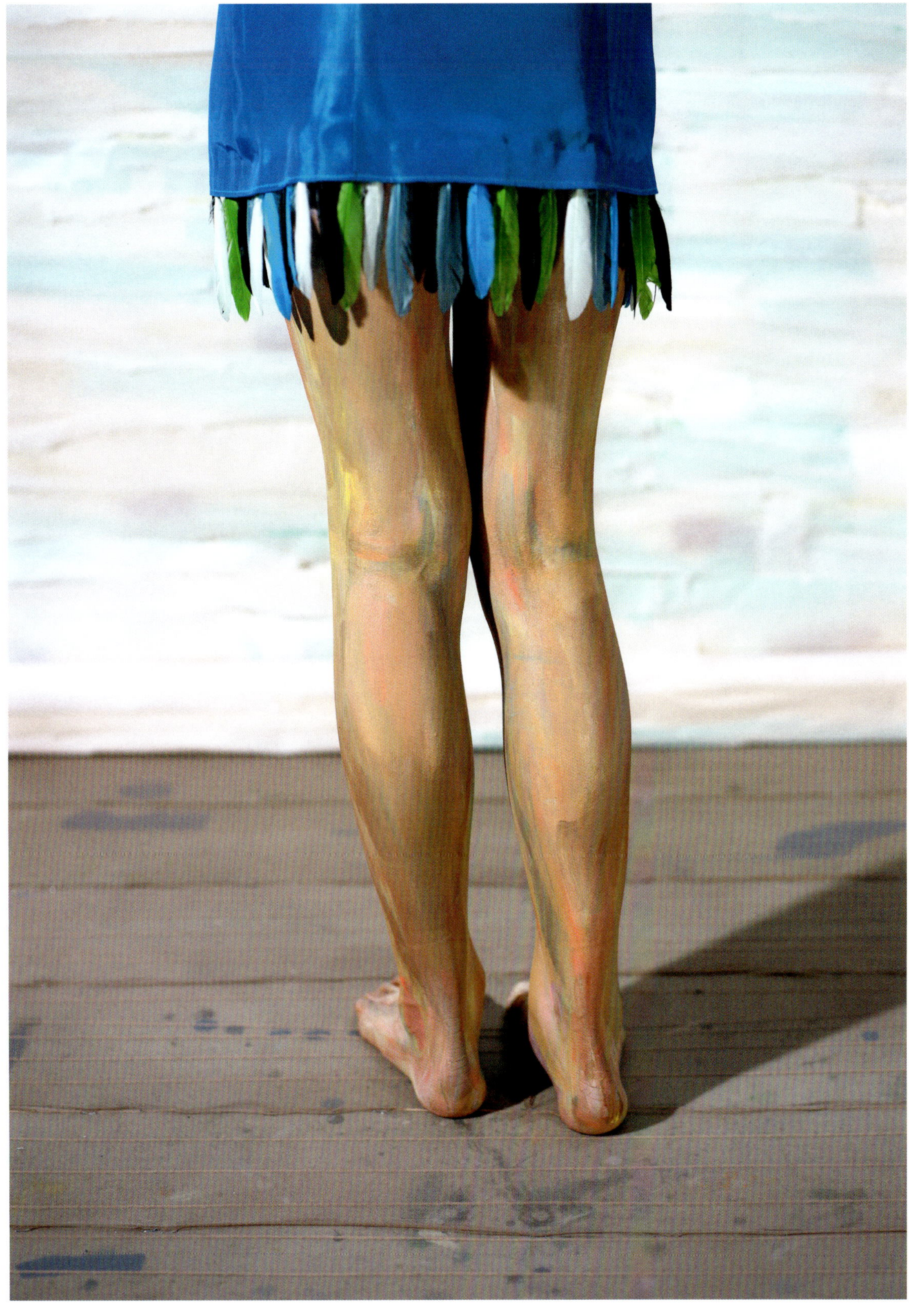

Barfuss V, 2009

Simone, 2013
Nachfolgende Seiten / Following pages:
Linda, 2013 (Detail)
Linda, 2013

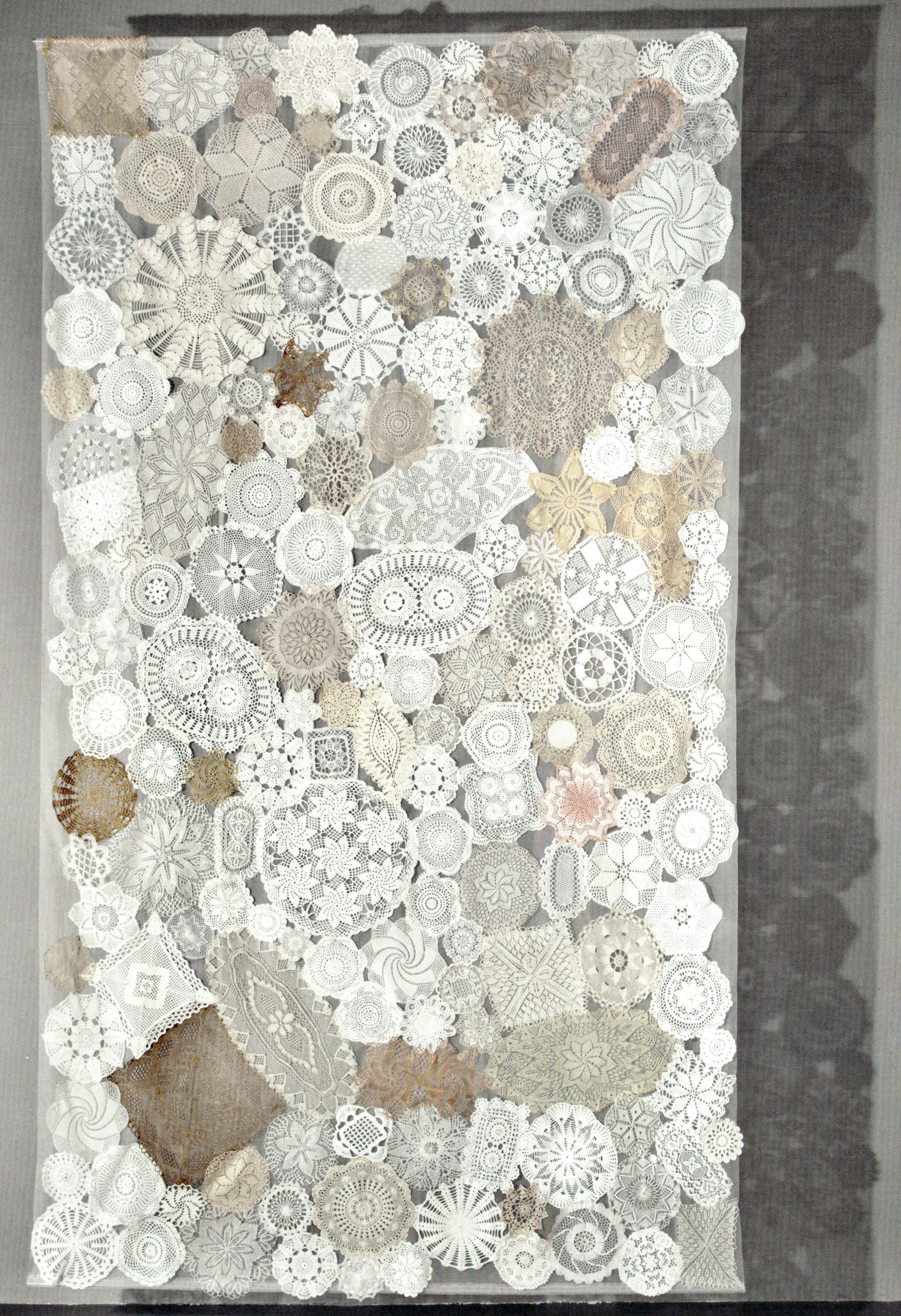

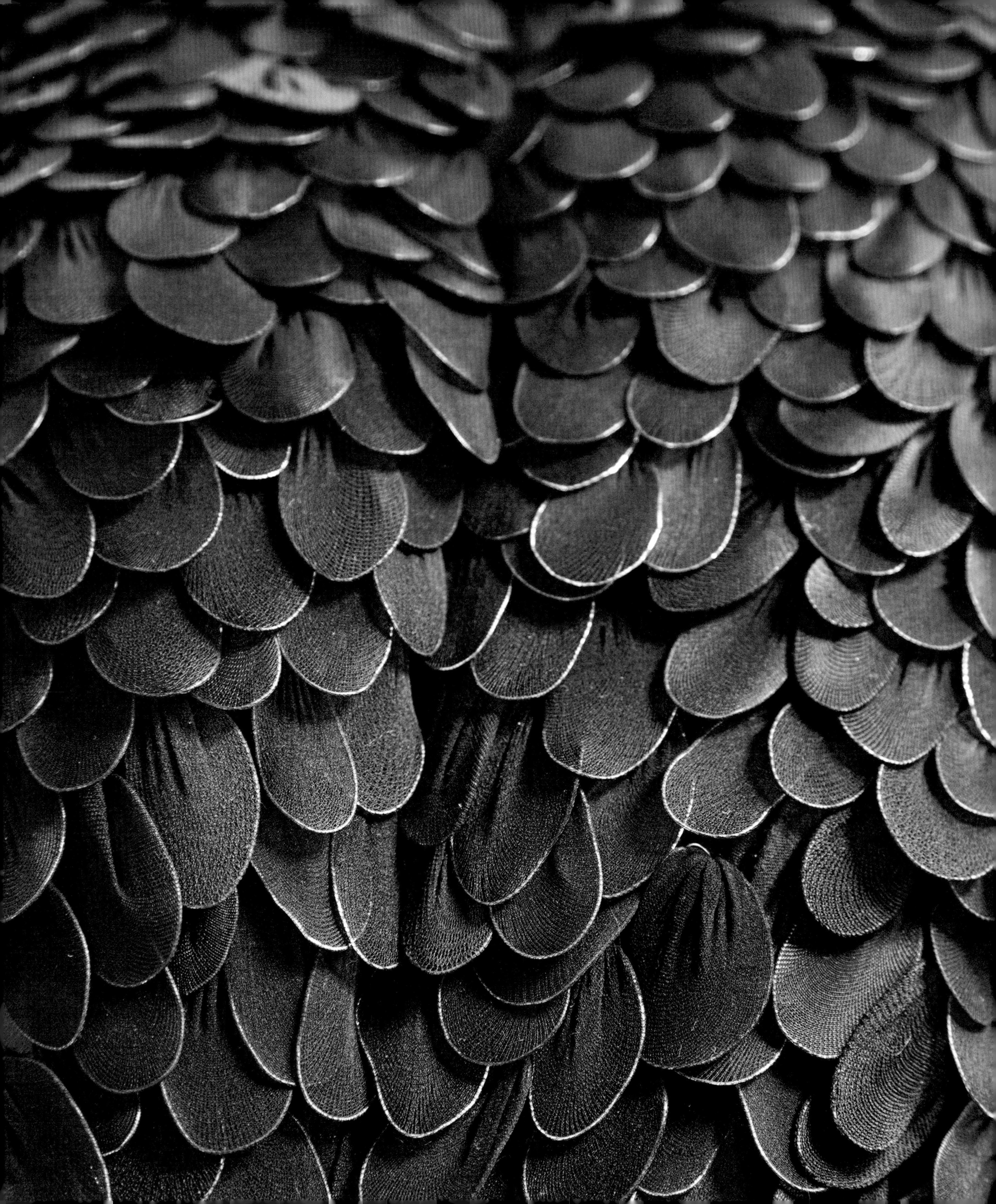

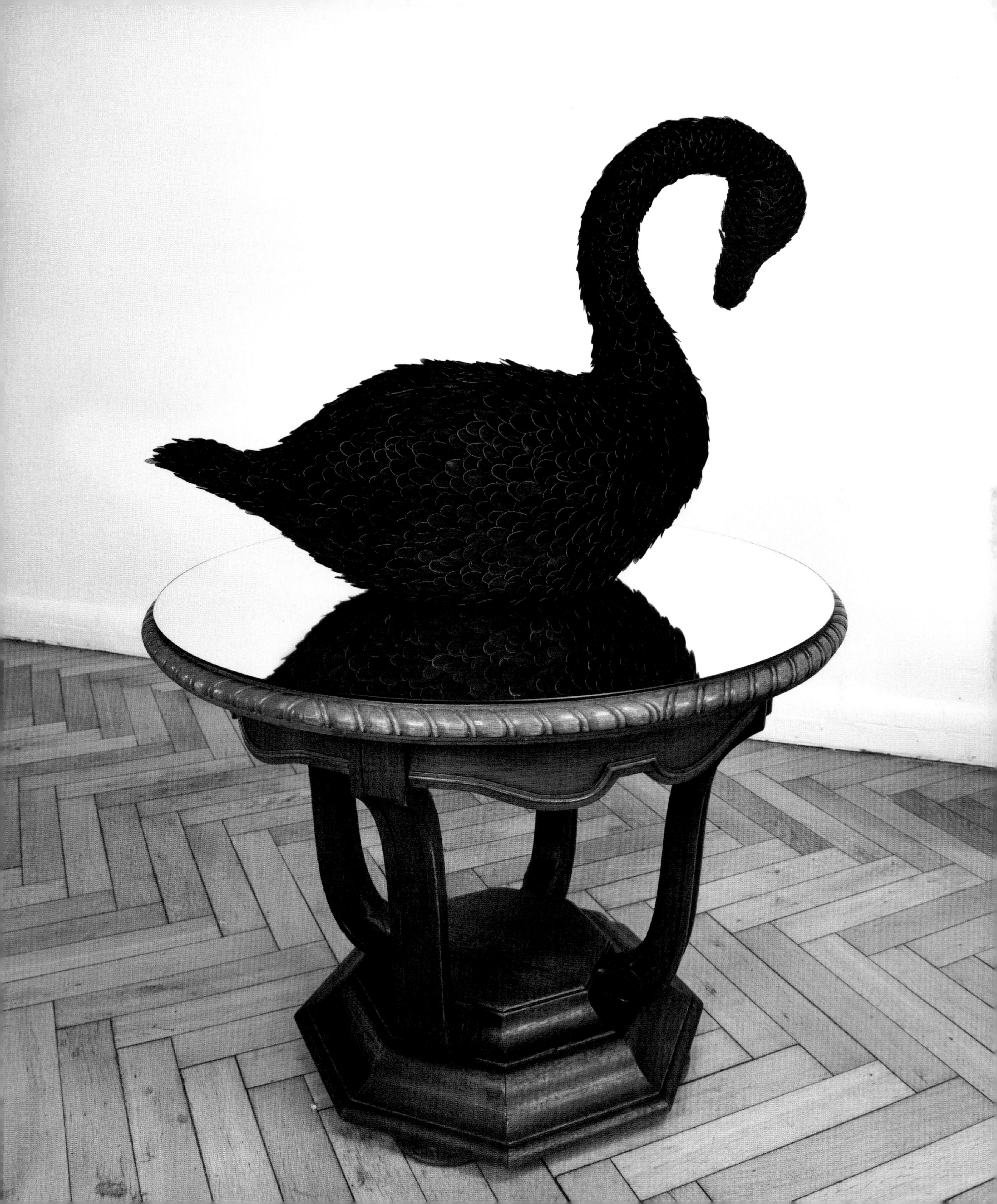

4/5   *Mona VI (Frida Kahlo)*, 2011
(Detail)

6/7   *Portrait IX*, 2008 (Detail)

11   Zwischenschritt im Arbeitsprozess / Work in progress

17   *Ausschnitt*, 2006
Acryl auf Leinwand /
Acrylic on canvas
160 x 130 cm

18   *Hanna*, 2008
Acryl auf Leinwand /
Acrylic on canvas
45 x 45 cm

19   *Miss You*, 2013
Acryl auf Leinwand /
Acrylic on canvas
45 x 60 cm

21   *Mona*, 2010/11
Acryl auf Leinwand /
Acrylic on canvas
130 x 160 cm

22   *Nelly*, 2010
Acryl auf Leinwand /
Acrylic on canvas
50 x 50 cm

23   *Marlene*, 2010
Acryl auf Leinwand /
Acrylic on canvas
50 x 50 cm

25   *Mona VIII (Pina Bausch)*, 2011
C-Print
80 x 100 cm

27   *Mona V (Simone de Beauvoir)*, 2011
C-Print
80 x 110 cm

28   *Mona I (Maria Callas)*, 2010
C-Print
80 x 110 cm

29   *Mona III (Marilyn Monroe)*, 2010
C-Print
80 x 110 cm

31   *Mona XII (Diane Arbus)*, 2013
C-Print
80 x 105 cm

33   *Mona II (Romy Schneider)*, 2010
C-Print
80 x 100 cm

34   *Mona XI (Vivienne Westwood)*, 2012
C-Print
80 x 105 cm

35   *Mona VII (Grace Kelly)*, 2011
C-Print
80 x 105 cm

36   *Mona IX (Susan Sontag)*, 2011
C-Print
80 x 100 cm

37   *Mona X (Astrid Lindgren)*, 2012
C-Print
80 x 100 cm

39   *Mona VI (Frida Kahlo)*, 2011
C-Print
80 x 100 cm

40   *Mona IV (Madonna)*, 2010
C-Print
80 x 110 cm

45   Kleidung für *Mona VIII (Pina
Bausch)*: Pusteblumen, Unter-
hemd, Tesafilm /
Clothing for *Mona VIII (Pina
Bausch)*: dandelion seed heads,
tank top, tape

46   Kleidung für *Mona X (Astrid
Lindgren)*: BH, Lakritz, Gummistangen, diverse Süßigkeiten /
Clothing for *Mona X (Astrid Lindgren)*: bra, licorice, rubber rods,
various candies

49   Atelier, 2013: diverse Requisiten
und Schmuckstücke /
Studio, 2013: various props and
pieces of jewelry

53   *Claire*, 2008
Acryl auf Leinwand /
Acrylic on canvas
45 x 45 cm

54   *Luise*, 2007
Acryl auf Leinwand /
Acrylic on canvas
45 x 45 cm

55   *Lone*, 2007
Acryl auf Leinwand /
Acrylic on canvas
45 x 43 cm

56   *Laura*, 2008
Acryl auf Leinwand /
Acrylic on canvas
50 x 45 cm

57   *Liv*, 2011
Acryl auf Leinwand /
Acrylic on canvas
50 x 50 cm

59   *Zoe*, 2011
Acryl auf Leinwand /
Acrylic on canvas
130 x 130 cm

60   *Maja*, 2008
Acryl auf Leinwand /
Acrylic on canvas
45 x 45 cm

61   *Emily*, 2010
Acryl auf Leinwand /
Acrylic on canvas
45 x 45 cm

62   *Ben*, 2010
Acryl auf Leinwand /
Acrylic on canvas
50 x 50 cm

63   *Nele*, 2010
Acryl auf Leinwand /
Acrylic on canvas
50 x 50 cm

65   *Portrait IV*, 2008
C-Print, Diasec
120 x 140 cm

67   *Portrait IX*, 2008
C-Print, Diasec
120 x 140 cm

68   *Portrait III*, 2008
C-Print, Diasec
120 x 140 cm

69   *Portrait X*, 2008
C-Print, Diasec
120 x 140 cm

70   *Portrait II*, 2008
C-Print, Diasec
120 x 140 cm

71   *Portrait VII*, 2008
C-Print, Diasec
120 x 140 cm

73   *Portrait VI*, 2008
C-Print, Diasec
120 x 140 cm

74   *Portrait XI*, 2008
C-Print, Diasec
120 x 140 cm

75   *Portrait XII*, 2008
C-Print, Diasec
120 x 140 cm

76   *Portrait VIII*, 2008
C-Print, Diasec
120 x 140 cm

77   *Portrait I*, 2008
C-Print, Diasec
120 x 140 cm

78   *Portrait XIII*, 2008
C-Print, Diasec
120 x 140 cm

79   *Portrait V*, 2008
C-Print, Diasec
120 x 140 cm

81   *Emma*, 2010
Acryl auf Leinwand /
Acrylic on canvas
50 x 50 cm

82   *Ella*, 2010
Acryl auf Leinwand /
Acrylic on canvas
45 x 45 cm

83   *Kim*, 2008
Acryl auf Leinwand /
Acrylic on canvas
50 x 50 cm

83   *Katie*, 2010
Acryl auf Leinwand /
Acrylic on canvas
50 x 50 cm

SABINE DEHNEL

Lebt und arbeitet in Berlin / Lives and works in Berlin

1971	Geboren in / Born in Ludwigshafen am Rhein
1992/93	Aufenthalt in Amsterdam / Stay in Amsterdam
1993–1999	Studium der bildenden Kunst und der Philosophie an der / Study of fine arts and philosophy at the Akademie für Bildende Künste der Johannes Gutenberg-Universität, Mainz
1999–2000	Meisterschülerin
2000/01	MFA Program, Otis College of Art and Design, Los Angeles

AUSZEICHNUNGEN UND STIPENDIEN / AWARDS AND GRANTS

2012	Atelierstipendium / Studio grant, CCA Andratx, Mallorca, Spanien / Majorca, Spain
2010	Künstlerhaus Edenkoben der Stiftung Rheinland-Pfalz für Kultur
2006	Förderstipendium / Advancement grant, Centre d'Art Contemporain Parc Saint-Léger, Pougues-les-Eaux, France; Verein zur Förderung von Kunst und Kultur, Pfalz
2005	Atelierstipendium / Studio grant, CCA Andratx, Mallorca, Spanien / Majorca, Spain
	Förderpreis / Advancement award, Weldekunstpreis für Fotografie / for photography, Plankstadt-Schwetzingen
2003	Künstlerhaus Schloss Balmoral, Bad Ems
	Preis der Universität / University award, Johannes Gutenberg-Universität, Mainz
2002	SCA-Art-Preis, Wien und / Vienna and Mannheim
2000/01	Jahresstipendium der / Annual grant from Rotary Foundation International, Evanston, Illinois
1999	Symposion / symposium *Von Chaos und Ordnung der Seele II*, Psychiatrische Klinik / Psychiatric clinic of the Klinik der Johannes Gutenberg-Universität, Mainz
1998	Förderstipendium der / Advancement grant from the Johannes Gutenberg-Universität, Mainz

EINZELAUSSTELLUNGEN (AUSWAHL) / SELECTED SOLO EXHIBITIONS

2013	*Mona*, Museum Wiesbaden
	Drop the Thought, LSD Galerie Berlin
2012	*Skirts* (mit / with Heidi Lender), Richard Levy Gallery, Albuquerque, New Mexico
2011	*Die Dinge des Lebens*, Morgen Contemporary, Berlin
2010	*Playground*, Martin Asbaek Gallery, Kopenhagen / Copenhagen
2009	*Solo Project*, 2x2projects, Pulse Miami
	Solo Project, 2x2projects, Art Amsterdam
	Portraits, Galerie Esther Woerdehoff, Paris
2008	*Solo Project*, MasArt Galerie, Photo Miami
	Playground, MasArt Galerie, Barcelona (Katalog / catalogue)
	Ailleurs, Galerie Esther Woerdehoff, Paris
2007	*Undercover*, 2x2 Projects, Amsterdam
	Elsewhere, Richard Levy Gallery, Albuquerque, New Mexico
	Anderswo, Filipp Rosbach Galerie, Leipzig
	Make up, Martin Asbaek Projects, Kopenhagen / Copenhagen
	Jede Ähnlichkeit ist frei erfunden, Columbus Art Foundation, Ravensburg (Katalog / catalogue)
2006	*Relocated #1*, Filipp Rosbach Galerie, Leipzig
	In Between, Rebecca Ibel Gallery, Columbus, Ohio
	Ganze Tage in den Bäumen, Kunstverein Ludwigshafen (Katalog / catalogue)
	Inzwischen, Kunstverein Münsterland, Coesfeld; Kunsthaus Wiesbaden (Katalog / catalogue)
2005	*Camouflage*, Carl Berg Gallery, Los Angeles
	Ohne Begleitung, Galerie Schuster, Frankfurt am Main
2004	*No Holidays*, Galerie Asbaek, Kopenhagen / Copenhagen
	Gesten der Erinnerung (mit / with Andrea Esswein), Fruchthalle Kaiserslautern (Katalog / catalogue)
	Rebecca Ibel Gallery, Columbus, Ohio
2003	*Malverwandtschaften* (mit / with Nicola Stäglich), Nassauischer Kunstverein, Wiesbaden (Katalog / catalogue)
	Summertime, Künstlerhaus Schloss Balmoral, Bad Ems
	Spaziergang, Galerie Schuster und Scheuermann, Berlin
2001	Galerie Neuffer am Park, Pirmasens
2000	*Nord West Passage II* (mit / with Carola Deye), Museen der Stadt Lüdenscheid (Katalog / catalogue)
1999	*Memory*, Galerie Kunstadapter, Wiesbaden
	Heimspiel, Rudolf-Scharpf-Galerie des Wilhelm-Hack-Museums, Ludwigshafen am Rhein (Katalog / catalogue)

GRUPPENAUSSTELLUNGEN (AUSWAHL) / SELECTED GROUP EXHIBITIONS

2013   *Pounds, Shillings, Pence*, LSD Galerie Berlin
        Mutterbilder, Galerie Schmalfuss, Marburg
        Geteilte Zeit, Kunstverein Villa Streccius, Landau (Katalog /
        catalogue)
2012   *Out-Look*, Galerie Robert Drees, Hannover
        Lucy in the Sky with Diamonds, LSD Galerie Berlin
        Summer in the City, Martin Asbaek Gallery, Kopenhagen /
        Copenhagen
        Cutting in Soma, The Wand, Berlin
2011   *All Together Now*, Atelierfrankfurt
        Unlimited, MasArt Gallery, Barcelona
2010   *Falsche Fährte*, Kulturstiftung Schloss Agathenburg
        Mythos Kindheit, Kunstverein Ludwighafen (Katalog /
        catalogue)
        Regionale, Wilhelm-Hack-Museum, Ludwighafen am Rhein
        (Katalog / catalogue)
        peripher photographisch, Galerie Eugen Lendl, Graz, Österreich /
        Austria; Fotoforum West, Innsbruck, Österreich / Austria
        The Story of O. Graduate Fine Arts 1989–2009, Ben Maltz
        Gallery, Los Angeles
2009   *Innere Landschaften*, Kunsthalle Wilhelmshaven
        Summer in the City, Martin Asbaek Gallery, Kopenhagen /
        Copenhagen
        The Non-Age, Kunsthalle Winterthur, Schweiz / Switzerland;
        Museo Internacional de Arte Contemporáneo, Arrecife,
        Lanzarote, Spanien / Spain
        Documentos de identidad, Galería Sandunga, Granada, Spanien /
        Spain
2008   *3. Europäischer Monat der Fotografie. Fotografie aus der Sammlung
        Deutsche Bank*, Deutsche Bank, Berlin
        *Transformidable! Übergänge zwischen Fotografie, Installation und
        Malerei*, Muzeul de Artă, Timişoara, Rumänien / Romania
        Die Insel des zweiten Gesichts, Espai Ramón Llull, Palma de
        Mallorca, Spanien / Palma, Majorca, Spain
        Seaside, Filipp Rosbach Galerie, Leipzig
        New Forms in Photography, 98ten Fine Art, Irvine, California
        Liebe. Love – Paare, Gustav-Lübcke-Museum, Hamm; Ulmer
        Museum, Ulm (Katalog / catalogue)
        Alles – die Columbus Sammlung, Columbus Art Foundation,
        Ravensburg
2007   *Liebe. Love – Paare*, Museum Kulturspeicher Würzburg (Katalog /
        catalogue)
        Neue Malerei. Aus dem Museum Frieder Burda, Museum im Prediger,
        Schwäbisch Gmünd
        Sommer, Sonne, Mond und Sterne, Bernhard Knaus Fine Art,
        Mannheim
2006   *Summer in the City*, Martin Asbaek Projects, Kopenhagen /
        Copenhagen
        Grand Ouvert, Filipp Rosbach Galerie, Leipzig
        Neue Malerei. Junge Kunst aus der Sammlung Frieder Burda, Museum
        Frieder Burda, Baden-Baden (Katalog / catalogue)
        *Transformidable. Übergänge zwischen Fotografie, Installation und
        Malerei*, Kunstverein Villa Streccius, Landau; Schloss Wiederau
        (Katalog / catalogue)

2005   *Bilderwechsel III*, Museum Frieder Burda, Baden-Baden
        Emy-Roeder-Preis 2005, Kunstverein Ludwigshafen (Katalog /
        catalogue)
        *»… sagt mehr als 1000 Worte«, Künstlerische Positionen zum
        Thema Körpersprache*, Fotoforum Braunau, Österreich / Austria
        (Katalog / catalogue)
2004   *Pfalzpreis für Bildende Kunst 2004*, Museum Pfalzgalerie
        Kaiserslautern
2003   *Emy-Roeder-Preis 2002*, Kunstverein Ludwigshafen (Katalog /
        catalogue)
        Bis ans Ende der Welt, Kunstverein Konstanz; Kunsthaus
        Wiesbaden
        Jahresabschlussausstellung der Stipendiaten, Künstlerhaus
        Schloss Balmoral, Bad Ems
2002   *Saar-Ferngas-Förderpreis 2002*, Wilhelm-Hack-Museum,
        Ludwigshafen am Rhein;
        Tuchfabrik, Trier (Katalog / catalogue)
        SCA-Art-Preis, Kunstverein Mannheim
2001   *Erforschung des Horizonts*, St. Petri, Lübeck; Kunsthalle
        Göppingen (Katalog / catalogue)
2000   *Artidentity, Saar-Ferngas-Förderpreis 2000*, Museum Pfalzgalerie
        Kaiserslautern (Katalog / catalogue)
        Von Chaos und Ordnung der Seele II, Psychiatrie Universitätsklinik
        Mainz; Kunstbunker, Nürnberg (Katalog / catalogue)
1999   *Found*, Fotogalerie im Palais Jalta, Frankfurt am Main
        Neuland. Die Landschaft in der zeitgenössischen Fotografie,
        Nassauischer Kunstverein, Wiesbaden (Katalog / catalogue)
1997   *1960ff.*, Kunstverein Schwetzingen

SAMMLUNGEN / COLLECTIONS

CCA Andratx, Mallorca, Spanien / Majorca, Spain
Celebrity Equinox, Miami, Oslo, London
Columbus Art Foundation, Ravensburg
Deutsche Bank
Deutsche Bundesbank
DZ Bank
Eileen S. Kaminsky Family Foundation, Jersey City, New Jersey
Kunstsammlung Vattenfall
Landessammlung Hessen
Landessammlung Rheinland Pfalz
Museum Frieder Burda, Baden-Baden
Pizzuti Collection, Columbus, Ohio
Statens Museum for Kunst, Kopenhagen / Copenhagen

Diese Publikation erscheint anlässlich der Ausstellung /
This catalogue is published in conjunction with the exhibition

Sabine Dehnel. Mona
Museum Wiesbaden
29. September 2013 – 26. Januar 2014 /
September 29, 2013–January 26, 2014

Museum Wiesbaden

Verlagslektorat / Copyediting: Sandra-Jo Huber, Birte Kreft
Übersetzungen / Translations: Brian Poole, Georg Westbrock
Grafische Gestaltung / Graphic design: Anja Lutz // Book Design
Schrift / Typeface: Quadraat Sans
Reproduktionen / Reproductions: Jan Scheffler, prints
professional, Berlin
Verlagsherstellung / Production: Julia Günther
Papier / Paper: Gardapat Klassica 1,3, 150 g/m², Luxo Magic, 170 g/m²
Gesamtherstellung / Printing and binding: DZA Druckerei zu Alten-
burg GmbH, Altenburg

© 2013 Hatje Cantz Verlag, Ostfildern, und Autoren / and authors
© 2013 der abgebildeten Werke von / for the reproduced works by
Sabine Dehnel: VG Bild-Kunst, Bonn

Erschienen im / Published by
Hatje Cantz Verlag
Zeppelinstrasse 32
73760 Ostfildern
Deutschland / Germany
Tel. +49 711 4405-200
Fax +49 711 4405-220
www.hatjecantz.de
Ein Unternehmen der Ganske Verlagsgruppe
A Ganske Publishing Group company

Informationen zu dieser oder zu anderen Ausstellungen finden Sie
unter www.kq-daily.de / You can find information on this exhibition
and many others at www.kq-daily.de

Hatje Cantz books are available internationally at selected
bookstores. For more information about our distribution partners
please visit our homepage at www.hatjecantz.com

ISBN 978-3-7757-3635-0

Printed in Germany

Umschlagabbildung / Cover illustration: *Mona XII (Diane Arbus)*, 2013

A Collector's Edition, an original work of art by Sabine Dehnel, is
available with this book: a C-print on Hahnemühle Photo Rag Ultra
Smooth paper with strips of colored foil, embroidered by hand by
the artist, measuring 42 × 59.5 cm with an image size of 31.5 × 42.
The work (*Fanny*, 2013) is a limited edition of 15 + 3 a. p., signed and
numbered. For more information or to place an order, please contact
Hatje Cantz at ce@hatjecantz.de.

Zu diesem Buch ist eine Originalarbeit von Sabine Dehnel als
Collector's Edition erhältlich: ein C-Print auf Hahnemühle-Papier
Photo Rag Ultra Smooth, mit farbigem, von der Künstlerin von Hand
besticktem Folienstreifen, mit einem Blattformat von 42 × 59,5 Zentimetern und einem Bildformat von 31,5 × 42 Zentimetern. Die Arbeit
(*Fanny*, 2013) ist eine limitierte Auflage von 15 + 3 a. p., signiert und
nummeriert. Für weitere Informationen oder für die Bestellung kon-
taktieren Sie bitte Hatje Cantz unter ce@hatjecantz.de.

Diese Publikation wird großzügig unterstützt von / This catalogue is
generously supported by

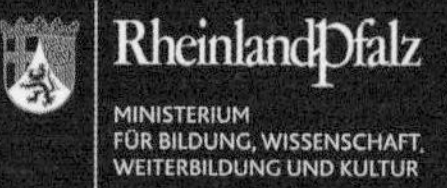

DANK / ACKNOWLEDGMENTS

Für / For Fanny, John und / and Andreas

Herzlichen Dank an / Many thanks to:
Ingrid und / and Günter Dehnel; Daniela Dehnel von Müller und / and
Willy von Müller; Romuald und / and Erika Reichert; Peter Forster;
Constanze Musterer; Anja Greulich; Kurt und / and Maria Elisabeth
Büsser; Alexandra, Christian und / and Seraina Prünte; Thomas
und / and Hedwig Duhnkrack; Roger Kiem und / and Hanna Daum;
Christian Knuth; Claudia Friedrichs und / and Mario Kirchbaum;
Dirk Hoga; Ulrike Zincke und / and Tillmann Lohse; Christine und /
and Bernd Rößler; Jean Kämpf und / and Ines Woynar; Ariane
Fellbach-Stein; Alexander Klar; Heinz Stahlhut; Georg Westbrock;
Julika Zimmermann; Cristina Steingräber; Birte Kreft; Sandra-Jo
Huber; Anja Lutz; Jan Scheffler; Stiftung Ludwigshafener Bürger;
Union Investment Stiftung